"互联网+"
助推高校大学生创新
创业教育迈上新台阶

车 琨◎著

辽宁大学出版社
Liaoning University Press

图书在版编目（CIP）数据

"互联网＋"助推高校大学生创新创业教育迈上新台
阶/车琨著. --沈阳：辽宁大学出版社，2023.1
　　ISBN 978-7-5698-1088-2

　　Ⅰ.①互…　Ⅱ.①车…　Ⅲ.①大学生－创业－研究
Ⅳ.①G647.38

　　中国版本图书馆 CIP 数据核字（2023）第 004896 号

"互联网＋"助推高校大学生创新创业教育迈上新台阶
"HULIANWANG ＋" ZHUTUI GAOXIAO DAXUESHENG CHUANGXIN CHUANGYE JIAOYU MAISHANG XIN TAIJIE

出　版　者：辽宁大学出版社有限责任公司
　　　　　　（地址：沈阳市皇姑区崇山中路 66 号　　邮政编码：110036）
印　刷　者：沈阳海世达印务有限公司
发　行　者：辽宁大学出版社有限责任公司
幅面尺寸：170mm×240mm
印　　张：12.75
字　　数：225 千字
出版时间：2023 年 1 月第 1 版
印刷时间：2023 年 1 月第 1 次印刷
责任编辑：田苗妙
封面设计：徐澄玥
责任校对：张　茜

书　　号：ISBN 978-7-5698-1088-2
定　　价：78.00 元

联系电话：024-86864613
邮购热线：024-86830665
网　　址：http://press.lnu.edu.cn

前　言

　　近年来，创新创业这一话题受到的关注度越来越高，逐渐成为社会的讨论热点。李克强总理在 2019 年政府工作报告中提出，要进一步把"大众创业、万众创新"引向深入，由此可见其重要性。在创新创业热潮中，大学生既是创新创业的主力队伍，又是其最重要的后备力量。网络技术的发展，使得"互联网+"开始成为全民关注的焦点，并逐渐进入人们的生活，各个行业都在思考如何更好地与互联网融合。大学生是网络时代的主体，他们的思维方式和价值观深受网络环境的影响。互联网技术既刺激了新兴产业的发展，又为传统实业带来新机遇，给大学生创业提供了良好时机。尽管如此，在创业机会增加的情况下，互联网时代大学生的创业成功率依旧很低，大学生创业情况仍然不容乐观。因此，高校有必要加强对大学生创新创业的教育力度，把创新创业教育融入人才培养全过程，形成基于创新的创业教育模式，以便更好地培养出适应国家和社会发展的创新型应用型人才。

　　"互联网+"是一个具有时代意义的大背景，本书基于此背景划分为七个章节，其中第一章和第二章为理论性内容。第一章以"互联网+"为切入点，引导读者对其时代特性、应用领域以及创业生态等有更加深刻的认识，了解"互联网+"在创新创业领域的无限潜力；第二章剖析了创新创业教育理论基础、创新与创业教育的耦合机制、创新创业精神对大学生生涯发展的影响，并简单介绍了当前国内外较为典型的创新创业教育模式，旨在为今后创新创业教育活动的开展提供参考。第三至六章为高校建设篇，主要结合笔者对相关理论知识的理解和分析，基于"互联网+"视角，紧紧围绕大学生创新创业课程建设、师资建设、创业大赛、管理机制等进行系统探究与分析，重点讨论了互联网技术对高校上述工作开展的影响，以及高校在互联网时代背景下的改革及优化方向，充分发挥互联网在高校创新创业教育中的优势。第七章为案例部分，通过选取部分校园创业故事，分析其创业方案、创业过程、创业特色，力求能够帮助大学生更好地进行创业。

　　创新创业是历史赋予当代大学生的崇高使命，大学生应大胆融入时代潮流中，勇立潮头，做创新创业的"弄潮儿"。本书的出版，有望为大学生开展创新创业提供有益的借鉴，为高校的创新创业教育探索出一条特色之路、成功之路。

目 录

第一章 "互联网+"进行时

第一节 "互联网+"的深层认识

一、"互联网+"从何处来

21世纪既是互联网的时代，也是创新创业的时代，此时国家和地区间的竞争聚焦在技术创新创业水平上。创新创业活动带来的强大经济效益已成为世界各国、各地区经济发展的重要推动力。

（一）"互联网+"被写入政府工作报告

2015年3月5日第十二届全国人民代表大会第三次会议上，李克强总理在政府工作报告中提出："制定'互联网+'行动计划，推动移动互联网、云计算、大数据、物联网等与现代制造业结合，促进电子商务、工业互联网和互联网金融健康发展，引导互联网企业拓展国际市场。"于是，自2015年起，"互联网+"在每年的政府工作报告中都被提及，政府工作报告中对"互联网+"的表述和要求也不断升级。

2015—2019年政府工作报告中有关"互联网+"的表述变化如图1-1所示。从图中可以看出，这五年来，政府工作报告的表述从提出"互联网+"发展到全面推进"互联网+"，其变化的背后，是人们生产和生活方式的不断迭代升级。

图 1-1 2015—2019 年政府工作报告中有关"互联网 +"的表述变化

（二）《国务院关于积极推进"互联网 +"行动的指导意见》出台

2015 年 7 月 4 日，经李克强总理签批的《关于积极推进"互联网 +"行动的指导意见》（以下简称《指导意见》），是推动互联网由消费领域向生产领域拓展，加速提升产业发展水平，增强各行业创新能力建设，构筑经济社会发展新优势和新动能的重要举措。

《指导意见》提出，要坚持开放共享、融合创新、变革转型、引领跨越、安全有序的基本原则，充分发挥我国互联网的规模优势和应用优势，坚持改革创新和市场需求导向，大力拓展互联网与经济社会各领域融合的广度和深度。2018 年，互联网与经济社会各领域的融合发展进一步深化，基于互联网发展的新业态成为新的经济增长动力，互联网支撑大众创业、万众创新的作用进一步增强，互联网成为提供公共服务的重要手段，网络经济与实体经济协同互动的发展格局基本形成。到 2025 年，"互联网 +"新经济形态将会初步形成，"互联网 +"将成为我国经济社会创新发展的重要驱动力量。

《指导意见》围绕转型升级任务迫切、融合创新特点明显、人民群众最关心的领域，提出了 11 个具体行动：一是"互联网 +"创业创新；二是"互联网 +"协同制造；三是"互联网 +"现代农业；四是"互联网 +"智慧能源；五是"互联网 +"普惠金融；六是"互联网 +"益民服务；七是"互联网 +"高效物流；八是"互联网 +"电子商务；九是"互联网 +"便捷交通；十是"互联网 +"绿色生态；十一是"互联网 +"人工智能。

《指导意见》还提出了推进"互联网 +"的七个方面的保障措施：一是夯实发展基础；二是强化创新驱动；三是营造宽松环境；四是拓展海外合作；五是加强智力建设；六是加强引导支持；七是做好组织实施。

（三）"互联网 +"战略被写入"十三五"规划纲要

2016 年 3 月 16 日，十二届全国人民代表大会第四次会议表决通过的《中华人民共和国国民经济和社会发展第十三个五年（2016—2020年）规划纲要》（以下简称《规划纲要》）提出，"十三五"时期，中国将大力实施网络强国战略、国家大数据战略、"互联网+"行动计划，拓展网络经济空间，发展现代互联网产业体系，促进互联网深度、广泛应用，变革生产模式和组织方式，形成网络化、智能化、服务化、协同化的产业发展新形态。

从《规划纲要》中关于互联网的内容可以看出，国家非常重视信息技术变革对社会的影响。"十三五"时期瞄准的是网络强国、制造强国目标，以信息化和工业化深度融合为主线，强化产业基础支撑能力，提高信息资源开放水平，加快培育新业态、新模式，完善人才培养体系，着力抢占全球信息经济制高点，打造创新引领、开放共享、绿色协调、安全性强的现代互联网发展生态。

二、"互联网+"的基本内涵

（一）什么是"互联网+"

"互联网+"是指创新2.0下的互联网发展新形态、新业态，是知识社会创新2.0推动下的互联网形态演进。新一代信息技术的发展催生了创新2.0，而创新2.0又反过来作用于新一代信息技术形态的形成与发展，重塑了物联网、云计算、社会计算、大数据等新一代信息技术的新形态，并进一步推动了以用户创新、开放创新、大众创新、协同创新为特点的知识社会创新2.0，改变了我们的生产、工作、生活方式，也引领了创新驱动发展的"新常态"。"互联网+"与互联网的本质不同就在于"+"。"互联网+"的核心是互联网的进化和扩张，反映了互联网从广度、深度融合和介入现实世界的动态过程。但是从传统工业时代到互联网时代，变化的仅仅是把互联网当作传统企业利用的工具，体现了技术的"工具观"。"互联网+"呈现的是新的体系、新的结构，不是简单的相加，而是打破内部结构与思维方式的新形态。"互联网+"的本质就是碎片与重构，体现了技术的"生态观"。笔者认为"互联网+"的核心在于理念的创新和思维模式的变革，"互联网+"是运用互联网思维对现有事物进行改造，彻底打破传统思维的固定模式，以网络建构、空间思维为出发点，创造出更具社会效益、更有价值的新事物。

（二）"互联网+"的深刻内涵

郑广文曾在其文章《你不知道的"互联网+"》中提到，普适计算之父马克·韦泽说:"最高深的技术是那些令人无法察觉的技术,这些技术不停地把它们自己编织进日常生活,直到你无从发现为止。"①而互联网正是这样的技术,它正不知不觉地渗透到我们的生活中。所谓"互联网+"就是指以互联网为主的一整套信息技术(包括移动互联网、云计算、大数据技术等)在经济、社会生活各方面的扩散、应用过程。

互联网是一种通用目的的技术,和100多年前的电力技术以及200多年前的蒸汽机技术一样,将对人类经济社会产生巨大、深远而广泛的影响。

"互联网+"的本质是传统产业的在线化、数据化。无论网络零售、在线批发、跨境电商、在线打车等都在努力实现交易的在线化。只有商品、人和交易行为迁移到互联网上,"在线化"交易才能实现;只有"在线"才能形成"活的"数据,随时被调用和挖掘。在线化的数据流动性最强,不会被封闭在某个部门或企业内部。在线数据随时可以在产业上下游、协作主体之间以最低的成本流动和交换。数据只有流动起来,其价值才能最大限度地发挥出来。

"互联网+"的前提是互联网作为一种基础设施被广泛安装。英国演化经济学家卡萝塔·佩蕾丝认为,每一次大的技术革命都会带来与其相适应的技术—经济范式。这个过程会经历两个阶段(每个阶段持续20~30年):第一个阶段是新兴产业的兴起和新基础设施的广泛安装;第二个阶段是各行各业应用的蓬勃发展和收获②。

2021年是互联网进入中国27周年,截至2021年12月,中国网民规模已达10.32亿,9.5亿的智能手机用户,通信网络的进步,互联网、智能手机、智能芯片在企业、人群等中的广泛使用,为下一阶段的"互联网+"奠定了坚实的基础。

"互联网+"与传统意义上的"信息化"有着根本的区别,也可以说互联网重新定义了信息化。我们之前把信息化定义为ICT技术不断应用深化的过程。如果ICT技术的普及、应用没有释放出信息和数据的流动性,那么,促进信息/数据跨组织、跨地域地广泛使用,就会出现"IT黑洞",使信息化效益难以实现。

如今,很多人认为"互联网+"就是在互联网平台上加上传统行业,相当

① 郑广文.你不知道的"互联网+"[J].新农业,2016(10)。

② 卡萝塔·佩蕾丝.技术革命与金融资本:泡沫与黄金时代的动力学[M].田方萌,胡叶青,刘然,等译.北京:中国人民大学出版社,2007:13-15.

于给传统行业加一双"互联网"的翅膀,助飞传统行业。例如,互联网金融,与互联网的结合使金融业诞生出很多普通用户触手可及的理财投资产品,如余额宝、理财通以及 P2P 投融资产品等;再如互联网医疗,传统的医疗机构入驻互联网平台,使人们在线求医问药成为可能,这些都是最典型的"互联网 +"的案例。

事实上,"互联网 +"这种产品模式也不是 2015 年才有的。互联网也的确改变了我们身边很多的传统领域,尤其是餐饮娱乐领域。例如,"互联网 + 电视娱乐",使得众多的视频网站诞生;"互联网 + 餐厅",使得众多的团购和外卖网站诞生;"互联网 + 婚姻交友",使众多的相亲交友网站诞生,等等。

然而,在一些垄断行业,"互联网 +"并不奏效。虽然目前互联网已经改变了很多传统行业的发展方向,但是它改变传统行业的速度依然是缓慢的。

互联网对于传统行业的改造并不是刚刚开始,有的甚至已经持续了十几年。比如在医疗行业,"互联网 +"的服务模式早已有之,不过其发展依然是缓慢的,除了在线问诊和在线挂号等几个方面外,大多数在医疗方面依然没有体验到互联网带来的便捷和好处。实际上,"互联网 +"的模式最终能够走多远,归根结底还是根据国家政策的开放程度而定。

(三)应该怎么理解"+"

"+"可以看作连接与融合,互联网与传统企业之间的所有部分都包含在这个"+"之中。这里面会有政府对"互联网 +"的推动、扶植与监督,会有企业转型服务商家的服务,会有互联网企业对传统企业的不断造访,会有传统企业与互联网企业不间断的探讨,还有连接线上与线下的各种设备、技术与模式,如果翻阅资料,还会在里面发现更多内容。总之,这个"+"的内涵包括政策连接、技术连接、人才连接以及服务连接,最终实现互联网企业与传统企业的对接与匹配,从而完成两者相互融合的历史使命。

在技术上,"+"指的可能是 Wi-Fi、4G 等无线网络,移动互联网的 LBS,传感器中的各种传感技术,O2O 中的线上线下相连接,场景消费中成千上万的消费,人工智能中的人机交互,3D 打印中的远程打印技术,生产车间中的工业机器人,工业 4.0 中的智能工厂、智能生产与智能物流。

三、"互联网 +"的主要特征

全面理解"互联网 +"的精髓,除了要把握它本身的内涵外,还有必要站在时代的角度去考察、去解析，研究"互联网＋"和当今时代之间怎样关联和匹配。因此，"互联网＋"的六大特征值得被关注。

（一）跨界融合

"＋"本身就是一种跨界，就是变革、开放以及融合。敢于跨界，创新的基础才会更坚实；融合协同，群体智能才会实现，从研发到产业化的路径才会更垂直。

融合可以提高开放度、增强适应性，不会排斥、排异；互联网如果能融合到每个行业里，无论对于传统行业还是互联网本身，都是一件好事。

植物嫁接往往会带来惊人的变化。据研究，影响植物嫁接成活的首要因素是接穗和砧木的亲和力，其次是嫁接的技术和嫁接后的管理。"亲和力"指接穗和砧木在内部组织结构、生理和遗传上彼此相同或相近，能互相结合在一起的能力。亲和力高，嫁接成活率就高；反之，成活率就低。这种机理和"互联网＋"十分相似。"＋"要求双方的亲和力而不是单方的亲和力，可以看作各自的融合性、连接性、契合性、开放性、生态性。

互联网给其他产业带来冲击是必然的，而且是不可逆的，但一个行业、一家企业，最具能动性、创造性的是人，只要我们不把互联网当成洪水猛兽，避之唯恐不及，就不怕被颠覆。互联网就像曾经的蒸汽和电，它服务于工业，但不会取代工业。

融合是一种气度，一种力量，一种勇气，一种追求。融合让适者生存，融合让企业掌控能量。在此背景下，产业的冲击会很普遍，产业的颠覆会少有发生，产业的融合将成为流行趋势。

（二）创新驱动

现在是信息经济、数据经济的时代，甚至有人称之为"创客经济"和"连接经济"。这个时代经济发展的关键驱动要素分为三大类：资源、客户、创新。在我国改革开放的前30多年，经济发展以资源驱动为主、客户驱动为辅，而创新驱动不足。当前，约束中国经济发展的主要原因是生产力还未被有效解放，再结构化动能未充分释放，创新创造尚未被激活。

中国粗放的资源驱动型经济增长方式早就难以为继，必须转变到创新驱动发展这条正确的道路上来。同时，要敢于打破垄断格局与自我设限，解除束缚生产力发展的因素，建立可跨界、可协作、可融合的环境与条件。这正是互联网的特质——用所谓的互联网思维来求变、自我革命，这也更能发挥创新的力量。

科技创新在国家发展全局中居于什么位置？2015年3月13日国务院颁布的《关于深化体制机制改革加快实施创新驱动发展战略的若干意见》旗帜鲜明地做出了回答：把科技创新摆在国家发展全局的核心位置，统筹科技体制改革和经济社会领域改革，统筹推进科技、管理、品牌、组织、商业模式创新，统筹推进军民融合创新，统筹推进引进来与走出去合作创新，实现科技创新、制度创新、开放创新的有机统一和协同发展。

政府的一些信号表明国家现在处于向创新驱动发展转型的关键时期。中国未来的发展是创意创新创业创造驱动型发展，需要打破机制的藩篱，需要更多的个人发挥创造精神，协同创新、跨界创新、融合创新，这是最不应被忽视的"新常态"。只有把增长动力从要素驱动转换为创新驱动，才不会在过分依赖投入、规模扩张的老路上原地踏步。只有充分激发各类主体参与创新活动的积极性，建立以企业为主体、产学研用协同创新机制，让科技创新在市场的沃土中不断结出累累硕果，中国经济的发展才能更有动力，行稳致远。

经济发展方式转型的风险部分已经有所释放，如出口不振、个别行业凋敝、经济增速下行等。要耐得住寂寞，容忍得了诟病，挺得过煎熬，这不是一件容易的事情，其间会有各种力量试图拉回到过去的资源驱动型模式，会面对许多短期利益、政绩工程的纠纷等问题。

不仅如此，更具挑战性的在于驱动要素本身的动能如何发现、激发、激活、放大甚至产生聚变？其能动性与创造性之间有怎样的关联？如何评估创意、创新本身的价值？怎样压缩从研发到产品化、产业化的过程，而且做出一些更具生态化的安排？因此，"互联网+"被选中绝非偶然。

（三）开放生态

依靠创新、创意、创新驱动，同时要跨界融合、做好协同，就一定要优化生态。对企业应优化内部生态，并和外部生态做好对接，形成生态的融合性。更重要的是我们创新的生态，如技术和金融结合的生态、产业和研发进行连接的生态，等等。关于"互联网+"，生态是非常重要的特征，而生态的本身就是开放的。我们推进"互联网+"，其中一个重要的方向就是要把过去制约创新的环节化解掉，把孤岛式创新连接起来，让研发由人性决定的市场驱动，让努力创业者有机会实现价值。

（四）重塑结构

重塑结构由"互联网＋"带来，并且从互联网时代开始发展。信息革命、经济全球化、互联网业已打破了原有的社会结构、经济结构、关系结构、地缘结构、文化结构。结构被重塑的同时带来很多要素，如权力、关系、连接、规则和对话方式的转变。

互联网改变了关系结构，摧毁了固有身份，如用户、伙伴、股东、服务者等身份在一定条件下可以自由切换。互联网改写了地理边界，也摧毁了原有的游戏规则以及管控模式。

互联网不断创新商业模式，使管理的逻辑也发生了长足的变化。生产者和消费者的权力重心发生重大迁移，连接、关系越来越成为企业追求的要素之一。监管与控制、流量与屏蔽都有了新的含义与操作思路。

互联网打破了人类固有的边界，减弱了信息不对称性，信息的民主化、参与的民主化、创造的民主化盛行，个性化精神、思维越来越流行。互联网让社会结构随时面对不确定性，社群、分享大行其道，接触点设计等成为企业管理者的必修课，而注意力、引爆点成为商业运营和品牌传播中重点关注的要素。

互联网降低了整个社会的交易成本，提升了全社会的运营效率。例如，购票原来要到售票点才能解决，现在不到一分钟就随时随地在移动端完成。移动互联网催生了持续在线，移动终端成为人的"智能器官"，随时可以被连接。用户的需求越来越多地发生在移动互联网上，如通信的需求、信息的需求、传播的需求、娱乐的需求、购物的需求等。

互联网可以把选择权交给用户，如海尔集团公司建立的互联工厂，可以按照客户的个性化需求定制空调。

互联网还集成了大众智慧，用户参与设计，用户参与创新，用户参与传播，用户参与内容创造，用户对于物流、产品的评价实际上是在参与管理。互联网基于个体开发了"众"经济，众包、众筹、众创等，既是社会的新结构、商业的新格局，又是生活的新方式、经济的新模式。

（五）尊重人性

人性的光辉是推动科技进步、经济增长、社会进步、文化繁荣的最根本的力量。尊重人性是互联网最本质的文化。互联网除却冷冰冰的技术性，其强大的力量最根本来源于对人性的尊重、对用户的敬畏、对人创造性的重视。例如，UGC、卷入式营销、分享经济，都是透视人性、尊重人性的产物。

人性即体验，人性即敬畏，人性即驱动，人性即方向，人性即市场，人性即需求，人性即合作。人是连接的最小单元、最佳协议、最后逻辑；人性化是连接的归宿，是融合的起点，是存在的理由。小到一次互动，大到一个平台，都要基于人性进行思考、开发、设计、运营、创新和改进。

（六）连接一切

跨界需要连接，融合需要连接，创新也需要连接。连接是一种对话方式、一种存在形态，没有连接就没有"互联网+"。连接的方式、效果、质量、机制决定了连接的广度、深度与持续性。

连接是有层次的，可连接性是有差异的，连接的价值相差很大。但是连接一切是"互联网+"的目标。连接一切有一些基本要素，包括技术（如互联网技术、云计算、物联网、大数据技术等）、场景、参与者（人、物、机构、平台、行业、系统）、协议与交互、信任等。其中，很多人未必理解或认同信任这要素，但它的确是最重要的要素之一。因为互联网让信息不对称降低，连接节点的可替代性提高，所以信任是选择节点或连接器的最好判别因素，信任让"+"成立，让连接的其他要素与信息不会阻塞、迟滞，让某些节点不会被屏蔽。

第二节 "互联网+"的时代特性

一、大数据资源的出现

互联网技术的迅速发展，使人类进入信息时代。今天，人类所处的时代已不是简单的信息时代，而是大数据化的信息时代。"大数据"，顾名思义，即庞大且复杂的数据，在英语中的表达即"Big Data"，大数据的"大"不是简单的数量上的大或多，而是包含着更多的内涵。麦肯锡全球研究院将其定义为"一种规模大到在获取存储、管理、分析方面远远超出了传统数据库软件工具能力范围的数据集合"。一般认为，其特征主要表现在四个方面：一是数据量巨大。大数据一般指在10TB规模以上的数据量。但在实际应用中，很多企业用户把多个数据集合在一起，已经形成了PB级数据量。二是数据多样性。大体分为结构化数据和非结构化数据，除了数字、文本外，还有图片、视频、地理位置等信息。三是价值密度低。根据福利经济学的观点,生产率与单位商品的价值无关,生产率只与生产的数量有关,即生产率高的企业在相同的时间内能够生产更多的价值。大数据使企业创造的价值密度降低,但其商业价值升高。四是速度要求快,即数据输入输出的速度要求快。信息技术的发展使得互联网有能力记录和承载庞大的数据,互联网的普遍化使得数据呈现爆炸性特点。互联网也促使自媒体时代的到来,即人人都是自媒体,人人都有麦克风,这在很大程度上使得数据的产生来源更加多元化,数据的增长更加迅速。"互联网+"时代,大数据不是纯粹的数据,应该从数据背后看到其隐藏的重要信息,更要从其中挖掘出潜在的机遇,这是创业者必须具备的基本思维和重要技能。"互联网+"时代所呈现的大数据化特征也促使了数据产业这一新兴产业的诞生,同时促进了数据分析技术的创新与发展。

在"互联网+"的时代背景下,互联网与各行各业充分融合,使得很多传统的名词渐渐都加上了"大数据"字样,如大数据营销、大数据金融、大数据服务等。同时,大数据也促进了互联网的发展,二者是相互促进、相互交融的。例如,中国电信与市场研究公司合作,专注于零售端与消费者的研究,并形成体系化报告,可以为制造商分析市场的信息动态,使之做出更好的市场决策。此外,电影平台以用户贡献的评论及评分数据为基础,计算每部电影的总分值,使用户对电影市场有更加直观的了解。与此同时,对影视作品进行情感分析,对一周最热话题、中国元素、一周最热新闻等信息进行分析,做出用户分布及广告策略的预测,即可大大提高票房率。随着大数据方法的引入,在原有的评价系统之上,作进一步的深入和拓展,如征信系统和预测系统等,能够更加深入地打破信息壁垒,让互联网平台上的用户、商家、服务等各种信息更加可信和透明[①]。例如,德国政府提出一个高科技战略计划——大数据"工业4.0",该项目由德国联邦教育及研究部和联邦经济技术部联合资助,投资预计达2亿欧元,目的是提升制造业的智能化水平,建立具有适应性、资源效率及人因工程学的智慧工厂,在商业流程及价值流程中整合客户及商业伙伴,其技术基础是网络实体系统及物联网。

二、传统产业互联网化

企业存在的基础在于创造价值。美国哈佛商学院著名战略学家迈克尔·波

---

① 贾元昕,杨明川,孙静博.大数据在"互联网+"进程中的应用[J].电信技术,2015(6).

特提出了"价值链分析法",把企业内外价值增加的活动分为基本活动和支持性活动,基本活动涉及企业生产、销售、进料后勤、发货后勤、售后服务等,支持性活动涉及人事、财务、计划、研究与开发、采购等,基本活动和支持性活动共同构成企业的价值链。在企业所有活动中,只有某些特定的环节才能真正创造价值,这些真正创造价值的经营活动就是价值链上的"战略环节"。企业要想实现竞争优势,就要在价值链的某个战略环节上保持高效运作,节省更多费用或者创造更多价值,这些战略环节或者来源于企业内部,或者来源于企业外部。

"互联网+"正在对企业价值链的各环节进行渗透和改造,催生了各种互联网商业业态和企业创新商业模式。过去的十年,从微观角度看,其在企业价值链层面表现为一个个环节的互联网化,从消费者上线开始,从客户服务到销售消费、营销推广、批发零售、设计生产、原料采购,从C端逆流而上地渗透到B端,实现企业价值链的"逆向"互联网化。从中观和宏观角度看,这种价值链的变化衍生出各种互联网化的产业,这些产业的出现次序大致为:营销广告业、批发零售业、文化娱乐业、生活服务业、金融、跨境电商、制造业等。

如今,"互联网+"浩浩荡荡、势不可当,在这样的形势下,传统企业价值链的环节正在逐个被渗透、改造和颠覆。从简单分类看,制造业通过直接上线而缩短链条,并连接顾客参与到产品的设计生产中。生活服务业通过上线缓解供求信息不畅的局面,也通过增加中间环节实现产需平衡,加速释放服务业的产能,有效刺激生活型服务需求,从而带动国内经济的发展。价值链中间环节的互联网化属于过渡阶段和部分互联网化,未来的互联网化则来源于顾客需求端和企业资源端的新发现和新创造,这一趋势既是对传统价值链的颠覆和重建,也是传统产业互联网化努力的方向。

在"互联网+"的影响下,产业结构不再是线下垂直分布的一条条单向价值链,而是线上线下相互连接和交织的价值网络,互联网平台型企业成为"互联网+"产业结构的交通枢纽和调度中心,通过线上的消费者调查和大数据分析,更好地服务于线下产业的设计生产和资源整合。总之,从微观看,"互联网+"是一场由C2B驱动的逆流而上的价值链渗透、改造和颠覆运动,从消费端开始沿价值链向纵深方向渗透,逐渐改造价值链中的各环节和各主体,从而产生不同创新程度的产业"互联网+"现象和新型商业模式,其中最极致的创新则是企业资源端和消费需求端的全新发现和创造。

三、信息的自媒体化

互联网信息技术的发展导致人人都是自媒体，人人都可以发布信息和传播信息。那么什么是"自媒体"呢？其实，"自媒体"一词在英语中是"We Media"，较早由美国新闻学会媒体中心谢因·波曼与克里斯·威理斯两人在2003年联合发表的《自媒体报告》中提出。他们认为，"We Media"是一个普通市民通过数字科技与全球知识体系相连，提供并分享他们的真实看法、自身新闻的途径①。也就是说，"所谓自媒体是指传播者通过互联网这一信息技术平台，以点对点或点对面的形式，将自主采集或把关过滤的内容传递给他人的个性化传播渠道，又称个人媒体或私媒体"。②

我国人口众多，当前上网人数更是持续猛增中。据统计，中国网民已有10.3亿多，我国的"自媒体"在暴增，这意味着我国的网络空间是巨大的，其能量也是前所未有的。每个"自媒体"都内含着一种能量，并且各个"自媒体"不断地接触与融合，使得这种相互交叉所产生的能量更为巨大。

众所周知，传统媒体如电视、广播、报纸等都是自上而下的一种传播方式，广大公众只能作为被动的信息接收者，及时传播也只局限于自身狭小的亲朋好友圈子。在"互联网+"时代背景下，我们每一个人都可以是一个"媒体"，可以自由发表意见，自由传播信息，并且在互联网信息技术的支撑下，其传播范围是前所未有的，可以在全世界范围内传播，并且传播的速度惊人，甚至只需几秒就可以传遍世界。

"互联网+"的颠覆与融合还表现在社会人际交往中。互联网颠覆了传统的人际交往方式，使得人与人之间，即使是陌生人之间也可以自由交往，"互联网+"将彼此独立的人们融合在一起。"互联网的颠覆性在于其实现了人与人、人与物、物与物之间的虚拟化连接，可以有效缩短地理距离和心理距离。互联网背景下，陌生人之间实现了无障碍交流，不但降低了信息交换成本，同时可以实现快速扩容和低成本复制。"③最典型的例子就是淘宝购物，在购物过程中买家可以发表评论，也可以看到他人的评论，同时，还可以与卖家或其他买

---

① 邓新民.自媒体：新媒体发展的最新阶段及其特点 [J].探索，2006（2）.

② 申金霞.自媒体的信息传播特点探析 [J].今传媒，2012（9）.

③ 陈国嘉.互联网+传统行业跨界融合与转型升级新模式 [M].北京：人民邮电出版社，2015：11-31.

家直接交流，在这种交流环境下人们的购买欲望或减少或增加，企业或店铺的声誉或高或低，其盈利额亦随之变化。由此我们可以看出，互联网信息技术所催生的"自媒体"直接影响着企业的盈利。因此，在这样的空间内，信息会越来越透明化，商业民主化趋势越来越强。

四、用户的中心化

美国的戴夫·柯本、特蕾莎·布朗、瓦莱丽·普理查德等人在其新书《互联网新思维——未来十年的企业变形记》中谈到企业的变形时，其中第一条就是"从企业的神坛走下来，积极回应和真正关心你的客户"①。"互联网+"时代背景下，一切都逐渐变得透明化，企业不再神秘，不再高高在上，与此同时，消费者的地位越来越高，互联网时代将是一个消费者主导的时代，用户需要、用户体验和用户权益至上。首先，用户的需求可以引导企业的生产和销售，即C2B模式或C2F模式。其次，用户通过互联网渠道发声，自主自愿地参与到产品和服务的设计与传播中，成为了企业的价值共创者。最后，用户之间也可以因兴趣、审美和特长等集结成群，共同创造商业价值，开发全新的服务形式和商业模式。

因此，在"互联网+"时代背景下，任何企业要想长久地生存和发展，必须以用户为中心，将焦点聚集在自身产品和服务的质量与改进上。现在越来越多的企业在其整个流程上都将用户的体验放在第一位，不论是采集、生产、检验，还是销售、售后等，各个环节都极其尊重消费者的意见，让消费者随时随地都能与企业进行自由沟通。当今"互联网+"时代背景下，消费者和企业都是可以自由发言和传播信息的"自媒体"，都有自身的话语权。但是，相比企业，消费者更有发言权，在"互联网+"时代，消费者的话语占主导地位。

五、创业的长尾端化

长尾端化，从根本上说，就是企业在"互联网+"时代背景下寻求定位的问题。传统企业的定位多是小众，即少数的确定性的目标客户。对长尾理论有较深入且全面阐述的当属克里斯·安德森。安德森于2004年在其《长尾理论》中指出："在网络世界有一个现象，那些少数热销的大众产品和众多冷门的小众产品，其市场份额呈现出一条带有长长尾巴的曲线，当把尾巴的所有冷门市

---

① 戴夫·柯本，特蕾莎·布朗，瓦莱丽·普里查德.互联网新思维：未来十年的企业变形记[M].钱峰，译.北京：中国人民大学出版社，2014：109-110.

场汇集起来，其市场能量可以超过大众产品的市场能量……"①其长尾曲线如图 1-2 所示。

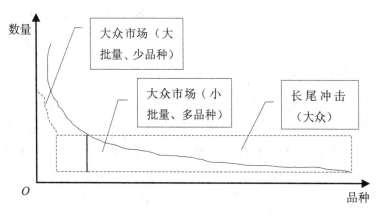

图 1-2　长尾曲线

　　由曲线图可以看出，传统的企业定位多在"短头"，即该图中最前端部分，也就是大众市场，其特征是数量大、品种少。之后，随着经济的发展，人们的需求逐渐多元化，传统的"短头"开始拖着尾巴，而且越来越长，开始趋向小批量、多品种，越来越多的创业者把焦点定位在长尾人群。调查显示，我国网民的收入构成如同橄榄球，两头小、中间大，长尾人群即处于中间的中层收入群体，这些群体数量庞大，需求多样，其所具有的购买潜能巨大②。此外，科学技术的发展使得企业进行这种小批量、多品种生产的成本大大降低，从而让企业在"互联网+"时代的竞争中遥遥领先。这种"大规模生产范式塑造了战后黄金时代的需求机会空间"，形成了"互联网+"时代背景下创业的长尾端化方向，更成为创业者们积极创新的强大动力，他们用创意来满足人们日益增长的个性化需求。从长尾曲线图还可以看到，这种长尾化还将进一步扩大，未来可能达到"全尾化"状态。

　　长尾取向的企业多是"小而美"的企业，倘若这些企业分散各地，将会极大地限制消费者浏览商品的数量及商品的选择余地。因此，如何将这些长尾取向的众多企业汇聚在同一个大平台上，对企业和消费者都是至关重要的。在"互联网+"时代背景下，信息技术的迅速发展，使得各种平台企业一一崛起，

──────────

　　①吴霁虹．众创时代 [M].北京：中信出版社，2015：88.

　　②王洪生，陆永新，刘德胜.互联网时代中国企业云创新模式研究：以中国移动为例 [J].山东大学学报：哲学社会科学版，2017（1）.

因为"平台企业"是汇集长尾力量的一个有效方法。例如，Google 将全世界的个体和企业都汇集在一个知识创造与分享的大平台上；在中国，腾讯通过微信平台让无数个体绽放个性。吴霁虹认为，当前的 C2C（即从客户需求到客户消费）商业生态圈就是长尾侵蚀大众、小鱼淹没大鱼的有效模式，她明确指出，在虚实交错的新世界里，O2O（即线上到线下）与 C2C 模式是相互融合的。正是这种融合的动态过程，构成了"互联网＋"时代的商业生态圈体系。

第三节　"互联网＋"的应用领域

在当前"全民创业"时代的常态下，传统行业与互联网相结合的项目越来越多，这些项目从诞生开始就呈现"互联网＋"的形态，因而它们不需要再像传统企业一样转型与升级。"互联网＋"正是要促进更多的互联网创业项目的诞生，"互联网＋"部分成果如下：

- "互联网＋个人汽车"＝滴滴等；
- "互联网＋传统交通"＝滴滴等；
- "互联网＋传统百货卖场"＝京东、天猫等；
- "互联网＋通信"＝微信等；
- "互联网＋金融"＝支付宝、京东金融等；
- "互联网＋传统集市"＝淘宝、拼多多等；
- "互联网＋传统红娘"＝各类相亲网站；
- "互联网＋传统新闻"＝新媒体。

除此之外，当前大众耳熟能详的电子商务、互联网金融、在线旅游、在线影视、在线房产等行业都是"互联网＋"的成果，涉及大众生活的方方面面，本节主要介绍以下几个领域。

一、"互联网＋工业"

长期以来，我国传统制造业依靠劳动力、土地、资源等方面的低成本优势进行规模化生产，在国际市场中创造了巨大的竞争优势。然而，其固有的路径依赖也导致了我国制造企业难以适应互联网时代下用户个性化、定制化和精准化的需求，即难以成为真正的"智能制造"企业。

所谓"互联网＋工业"，即传统制造企业运用移动互联网、云计算、大数据、物联网、网络众包等信息通信技术进行产品的研发、设计、生产制造、营销与服务等环节的新型现代化工业模式，如图1-3所示。从本质上理解，"互联网＋工业"模式是一种"C2M+O2O"的复合型商业模式创新，它可以将消费者的个性化价值诉求与企业的规模化经济效率预期有机融合，并据此打造出将速度经济与质量经济有机整合的产业转型"升级版"。

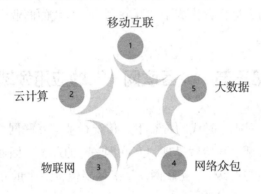

图1-3 "互联网＋工业"

"互联网＋工业"具体可以表现为五种形式："移动互联网＋工业"、"云计算＋工业"、"物联网＋工业"、"网络众包＋工业"、"大数据＋工业"。

"移动互联网＋工业"——借助互联网技术，传统制造厂商可以在汽车、家电、配饰等工业产品中增加网络软硬件模块，实现用户远程操控、数据自动采集分析等功能，极大地改善用户对工业产品的使用体验。

"云计算＋工业"——采用云计算技术，一些互联网企业打造了统一的智能产品软件服务平台，为不同厂商生产的智能硬件设备提供统一的软件服务和技术支持，优化用户的使用体验，实现各产品的互联互通，创造协同价值。

"物联网＋工业"——运用物联网技术，工业企业可以将机器等生产设施接入互联网，构建信息物理系统（CPS），进而使各生产设备能够自动交换信息、触发动作和实施控制。物联网技术有助于加快生产制造商对实时数据信息的感知、传送和分析，加快对生产资源的优化配置。

"网络众包＋工业"——在互联网的帮助下，企业通过自建或借助"众包"平台，发布研发创意需求，广泛收集客户和外部人员的想法与智慧，大幅扩展产品设计的创意来源。目前，中华人民共和国工业和信息化部信息中心已完成"创客中国"创新创业服务平台的搭建，为"创客"的创新能力与工业企业的创新需求搭建连接渠道，同时也为企业开展网络众包提供了可靠的第三方平台。

"大数据＋工业"——围绕典型智能制造模式，大数据＋工业改进了从客户需求到销售、订单、计划、研发、设计、工艺、制造、采购、供应、库存、发货和交付、售后服务、运维、报废或回收再制造等整个产品生命全周期各个环节所产生的各类数据及相关技术和应用。其以产品数据为核心，极大地拓展了传统工业的数据范围，同时还创新了工业大数据相关技术和应用。

由于制造业互联网平台的出现，传统意义上的制造业价值创造和分配模式都在发生转变。企业、客户及利益相关方纷纷参与到价值创造、价值传递及价值实现等生产制造中的各个环节。例如，目前正在兴起的"个性化定制"，其把前端的研发设计交给了用户，用户直接向企业下达订单，弱化了后端的销售，也拉平了"微笑曲线"，并重新结合成价值环，这里可以看出"互联网＋工业"将会促进"中国智造"的发展。

二、"互联网＋金融"

"互联网＋金融"是指传统金融机构与互联网企业利用互联网技术和信息通信技术实现资金融通、支付、投资和信息中介服务的新型金融业务模式。"互联网＋金融"不是互联网和金融业的简单结合，而是在实现安全、移动等网络技术水平上，被用户熟悉接受后，自然而然地为适应新的需求而产生的新模式及新业务。

自 2013 年以在线理财、支付、电商小贷、P2P、众筹等为代表的细分互联网嫁接金融的模式进入大众视野以来，互联网金融已然成为一个新型的金融行业，并为普通大众提供了更加多元化的投资理财选择。对于"互联网＋金融"而言，2013 年是初始之年，2016 年规范了"互联网＋金融"的发展，2017 年对"互联网＋金融"等累积风险提高了警惕，2018 年健全了"互联网＋金融"监管机制，2019 年"互联网＋金融"进入了强监管周期。"互联网＋金融"模式如图 1-4 所示。

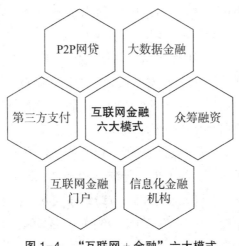

图 1-4　"互联网＋金融"六大模式

（一）第三方支付

第三方支付狭义上是指具备一定实力和信誉保障的非银行机构，借助通信、计算机和信息安全技术，采用与各大银行签约的方式，在用户与银行支付结算系统间建立相互连接的电子支付模式。从广义上讲，第三方支付是指非金融机构作为收、付款人的支付中介所提供的网络支付、预付卡、银行卡收单，以及中国人民银行确定的其他支付服务。第三方支付已不仅仅局限于最初的互联网支付，而是成为线上线下全面覆盖、应用场景更为丰富的综合支付工具。

据统计，2020 年中国人民银行已发放 354 张第三方支付牌照。目前，除了大家熟知的中国银联和支付宝以外，具有代表性的第三方支付机构还包括微信支付、度小满钱包、PayPal 等。从发展路径与用户积累途径来看，市场上第三方支付公司的运营模式可以归为两大类：一类是以支付宝、财付通为首的依托于自有 B2C、C2C 电子商务网站，提供担保功能的第三方支付模式；另一类则是以快钱支付为典型代表的独立第三方支付模式。

（二）P2P 网贷

P2P 是英文 Peer-to-Peer 的缩写，译为"点对点"借贷，通过 P2P 网贷平台，资金端和资产端可以快速连接，借贷双方可快速确立借贷关系并完成交易。这种网络平台借贷的过程，本质是互联网时代的金融脱媒，它摒弃了银行这一吸存放贷的传统媒介，通过建立一个网络平台，实现借款人与出借人的自行配对。需要借贷的人群可以通过网站平台寻找有出借能力并愿意出借的人群，网站平台帮助贷款人通过和其他贷款人一起分担一笔借款额度来分散风险，也能帮助借款人在充分比较信息的基础上选择有吸引力的利率条件。

实际上，在 2007 年以前，中国虽然没有 P2P 的概念，但是民间借贷自古就有，且银行业以外的金融借贷很多都被视为高利贷。2007 年前后，中国 P2P 进入萌芽期。此时，互联网金融行业伴随全球金融创新的浪潮涌入中国，网络借贷平台作为金融创新的一种典型，也在这一时期跨入国门。2012—2013 年是中国版的 P2P 走向变异的第一阶段。由于这一领域处于监管真空的状态，P2P 行业的进入门槛极低。于是，整个行业进入野蛮生长阶段。2015 年下半年，P2P 网贷行业超过 1000 家平台倒闭。2016 年，中国互联网金融协会成立，紧接着银监会、工信部、公安部和国家网信办四部委联合发布了《网络借贷信息中介机构业务活动管理暂行办法》，网上一度盛传 97% 的网贷平台将要被淘汰或转型。事实也确实如此，行业洗牌不断加速，一些违规、经营能力弱的中小平台陆续被市场淘汰。2017 年底至今，受国内宏观经济环境下行的影响，小微企业生存环境开始恶化，债务违约也不断增加，这在一定程度上诱发了 P2P 爆雷潮。与此同时，国内开始进行金融去杠杆，收紧流动性。一些资金紧张的 P2P 投资人开始赎回资金，平台偿付压力提升，再加上备案整顿期内，合规成本提升。

（三）众筹融资

众筹的字面意思为大众筹资或群众筹资，是指用团购预购的形式，向网友募集项目资金的模式。众筹的本意是利用互联网和社交网络传播的特性，让创业企业、艺术家或个人对公众展示他们的创意及项目，争取大众的关注和支持，进而获得所需要的资金援助。

"众筹"这种融资模式具有融资门槛低、融资成本低、期限和回报形式灵活等特点，是初创型企业除天使投资之外的重要融资渠道。我国已成立的众筹平台超过 100 家，其中约六成为商品众筹平台，纯股权众筹平台约占两成，其余为混合型平台。

（四）大数据金融

大数据金融是指依托海量、非结构化的数据，通过互联网、云计算等信息化方式对其数据进行专业化的挖掘和分析，并与传统金融服务相结合，创新性地开展相关资金融通工作的统称。大数据金融按照平台运营模式，可分为平台金融和供应链金融两大模式。两种模式的代表企业分别为阿里金融和京东金融。

大数据金融扩充了金融业的企业种类，并创新了金融产品和服务，扩大了客户范围，降低了企业成本。

（五）信息化金融机构

信息化金融机构，是指通过广泛运用以互联网为代表的信息技术，在互联网金融时代，对传统运营流程、服务产品进行改造或重构，实现经营、管理全面信息化的银行、证券和保险等金融机构。

互联网金融时代，信息化金融机构的运营模式相较于传统金融机构的运营模式已发生了很大的变化，目前信息化金融机构主要运营模式可分为以下三类：传统金融业务电子化模式、基于互联网的创新金融服务模式、金融电商模式。

传统金融业务电子化模式主要包括网上银行、手机银行、移动支付和网络证券等形式；基于互联网的创新金融服务模式包括直销银行、智能银行等形式及银行、券商、保险等创新型服务产品；金融电商模式就是以中国建设银行"善融商务"电子商务金融服务平台、泰康人寿保险电商平台为代表的各类传统金融机构的电商平台。

（六）互联网金融门户

互联网金融门户是指利用互联网进行金融产品的销售以及为金融产品的销售提供第三方服务的平台。它的核心就是"搜索 + 比价"的模式，采用金融产品垂直比价的方式，将各家金融机构的产品放在平台上，用户通过对比挑选合适的金融产品。互联网金融门户多元化创新发展，带来了提供高端理财投资服务和理财产品的第三方理财机构，以及提供保险产品咨询、比价、购买服务的保险门户网站等。这种模式不存在太多政策风险，因为其平台既不负责金融产品的实际销售，也不承担任何不良的风险，同时资金也完全不通过中间平台。目前，在互联网金融门户领域针对信贷、理财、保险、P2P 等细分行业分布的有融 360、91 金融超市、好贷网、银率网、格上理财、大童网、网贷之家等。

互联网金融门户最大的价值在于它的渠道价值。互联网金融分流了银行、信托业、保险业的客户，加剧了上述行业之间的竞争。随着利率市场化的逐步到来，以及互联网金融时代的来临，对于资金的需求方来说，只要能够在一定的时间内，在可接受的成本范围内，钱款来自传统银行还是 P2P 平台、小贷公司，抑或信托基金、私募债等，已经不是那么重要。融资方到了融 360、好贷网或软交所科技金融超市时，用户无需逐一地浏览商品介绍及详细地比较参数、价格，而是可以更多地提出需求，反向进行搜索比较。因此，当融360、好贷网、软交所科技金融超市这些互联网金融渠道发展到一定阶段，拥有了一定的品牌及积累了相当大的流量时，就会成为各大金融机构、小贷公司、信托基金的重要渠道，掌握互联网金融时代的互联网入口，引领金融产品销售的风向标。

三、"互联网＋医疗"

2015年3月国务院发布的《全国医疗卫生服务体系规划纲要（2015—2020年）》中指出，要积极应用互联网、物联网、云计算等信息化技术来转变卫生服务模式，惠及老百姓。2015年7月，国务院发布的《国务院关于积极推进"互联网＋"行动的指导意见》则进一步明确了要用"互联网＋"的思维与技术来促进经济社会各领域的深度改革与发展。于是，"互联网＋医疗"的模式被提出来，各行各业根据自己拥有的资源进行"互联网＋医疗"的探索。

互联网技术在医学领域应用很早，基本同步于互联网的发展，但其最初仅限于建立网站提供各种医学知识、文献查询等简单功能，后来发展到能够提供门诊预约、专家咨询、导医等就诊前服务。

"互联网＋医疗"就是利用互联网技术服务于传统的医疗活动。其包含的内容按诊疗时间顺序，可分为诊疗前、诊疗中和诊疗后三个环节；按诊疗的内容，分为医院挂号、检测诊疗、药物购买、健康监测、支付与保险五大核心模块；按诊疗场所、沟通方式，可分为线上诊疗和线下诊疗。线下诊疗可以看作传统医疗模式，线上诊疗则为互联网医疗模式。所谓"互联网＋医疗"模式，是传统医疗模式与互联网医疗模式（即线上诊疗、远程诊疗）、线上方式与线下方式的结合。

由于线下诊疗是传统医疗范畴，本节着重阐述线上诊疗。线上诊疗主要包括以下几方面内容。

（一）线上健康咨询与问诊

当前，众多的网站、APP可提供健康咨询、初步问诊、自诊等服务。这些服务对患者基本免费，是远程诊疗的初级阶段。

其中线上问诊（也称网络问诊、远程问诊）服务只限于一些常见病、小病以及慢性病患者的复查，医生通过患者所提供的文字描述、图片、视频来指导处理办法及用药，但不开处方。

（二）网上预约与挂号、候诊提醒

在"互联网+医疗"的模式下，当患者进行初步线上问诊后，决定进行线下就诊时，患者可以打开 APP 或登录相关网站，查找附近医疗机构，然后预约就诊时间，或在网上挂号并线上支付挂号费，并且可以在网上实时查看目前的排队情况，方便患者决定何时前往就诊点。APP 或系统甚至能够给患者提供候诊提醒短信服务，告知患者就诊时间范围，这样可以节省患者的等待时间。

（三）电子病历与电子处方：无纸化的线下诊疗过程

电子病历（包括电子处方）是相对传统的纸质病历而言的，是纸质病历的数字化，并且有规定的录入格式，以便进行数据库的检索与对接。它要求医生在诊疗过程中，直接在电脑相关的程序中记录患者的病情、对病情的分析及治疗方案（处方），是信息科技与互联网背景下医疗领域的无纸化办公方式，是今后的电子病历数据库的核心内容。

居民的电子病历建档后，经过患者本人的授权，医生才能阅览患者病历，了解患者历史病情，并把新的诊疗结果输入电子病历系统中，确认存档。医生对病历的每一次修改都要存档在案。患者可以在线上直接查阅医生的诊断结果和开出的处方。

（四）网上药房

网上药房是指通过现代互联网进行网上药品交易的电子商务企业，网上药房是现代医药电子商务发展的产物。由于药品和药品交易的特殊性，国家对网上药房的监管比一般的电子商务严格许多。

网上药房与一般的传统药房相比，具有以下几点特色：

1. 不再受困地域和空间的限制，整个互联网用户都是潜在消费群体，上架药品无限化。同时提供了全面、详细的药品购买入口，消费者可以轻松实现快捷购买。

2. 可以通过不同药品、不同病症、不同科室分类进行导航，可以十分方便、快捷地找到消费者需要的药品。

3. 提供了强大的药品搜索引擎，可以用最快捷的方式满足消费者的药品搜索和购买需求。

4. 网上药房一般都聘请了专业的医生、药师，有的还直接在线连接了专业医院，消费者在购买药品时可以咨询医生，用最安全正确的方式用药。

5. 网上药房是现代网络技术催生的产物，成本较低，药品的让利空间也相对较大，所以网上药房的药价一般较医院和传统药店要便宜。

电子商务作为新兴的商业渠道平台，已经发展成为一个相对成熟的市场，百货、图书、电器等行业在这个平台上已厮杀得难解难分，而医药电商还是一片期待开发的蓝海。数据显示，2022年一季度截至3月末，月活跃用户规模达到11.83亿，透过这个庞大的医药电商潜在客户群，可以想象医药电商在中国进一步发展的似锦前程。

（五）线上医疗结算系统

前面已经谈到挂号与买药的线上结算，除此之外，医生诊疗费用与第三方检测机构检测费用也可以进行线上结算。原则上患者在就医诊疗过程中所有支出都可以通过线上支付完成。这样，可以节省大量的时间与交易成本，患者又可以随时线上查看自己诊疗历史中各种费用的详单，了解就医成本。

（六）线上医疗评价系统

医生的职业技能、服务态度如何，医疗机构配套服务如何，有何值得表扬与批评的地方，这些都需要患者在单个医疗服务结束后对其进行评价，并且患者发表的意见向全社会公开，其他居民或患者可以根据"用户"对医生、医疗机构、药品零售商的评价作出判断与选择，这就是"互联网+医疗"的后评价体系。理论上每一人次的就诊（包括挂号、诊疗、结算等），都要提供一次评价的机会。这种评价是双向的，医生、药店也可以对患者进行评价和解释。由于诊疗的实际效果可能需要较长时间才能显示出来，因而还要提供"追评"的渠道，整套系统设计可以参考淘宝网的评价系统。

（七）基于互联网与大数据基础之上的居民医保流程再造

居民医疗保险也属于医疗范畴，"互联网+医疗"理应将医保包含在内，用互联网的模式去改造医保。其内容包括两方面：一是线上投保、查询与医保结算；二是医保机构通过对居民个人健康档案（电子病历）大数据的分析，预测、评估居民未来的健康风险状况，然后进行个人保费的精细化调整，其中也包括根据评估状况对居民进行健康干预，提醒居民注意影响个人健康的因素，并尽早进行检测、治疗。此外，还应向居民公开个人所有医保收付流水账，居民登录系统后就可以查询到个人医保各方面的历史详细信息。

"互联网+医疗"作为一种新的行业模式，前景是非常美好的，借助互联网技术，可以加快我国医疗体制的改革，重构医疗市场的价值体系，降低交易成本，有助于缓解"看病难、看病贵"问题，造福于社会，这是"互联网+医疗"模式改革的意义所在。

四、"互联网+教育"

（一）"互联网+"对教育理念的冲击和重构

1.教育资源——从封闭到开放

传统模式下，教育资源集聚在校园这个相对封闭的物理空间里，受限于课堂、图书馆、实验室等场所，能够满足固定人群的需求。互联网以其强大的存储性和交互性等技术优势，在短时间内迅速吸纳了海量的知识和信息，成为人类历史上前所未有的巨大"信息库"，并且这个信息库随着用户们不断上传、发布新的信息而源源不断地扩容。借助互联网，教育资源可以跨越校园、地区、国家覆盖到世界每个角落，优质教育资源的平等共享成为可能并且极为便利。风靡全球的慕课（英文简写为MOOCs，即大规模开放式在线课程）就是"互联网+教育"的产物。MOOCs中，第一个字母"M"代表Massive（大规模），与传统课程只有几十个或几百个学生不同，MOOCs中一门课程动辄上万人；第二个字母"O"代表Open（开放），慕课以兴趣为导向，凡是想学习的人，都可以参与其中，不分国籍，只需一个邮箱，就可注册使用；第三个字母"O"代表Online（在线），学习在网上完成，不受时空限制。

2.教育机构——从单一到多元

传统教育以学校为主要载体，借助"互联网+"对教育资源重新配置和整合，社会教育机构、新型教育组织依靠灵活性、免费性等优势给学校教育带来了强烈冲击，使教育组织形态呈现多元化的趋势。例如，美国的Udacity、Coursera、edX等慕课平台通过提供在线课程，瓦解传统大学在教育和科研市场中的绝对优势地位。有的慕课平台还通过与大学合作，为学生提供课程学习证书，像Coursera平台上设有专业栏目，学生在这个栏目下只要完成一定要求的课程学习就可以获得世界顶尖大学颁发的专业证书。这些必将直接冲击现行的高等教育学历制度和招生制度，促使大学的组织边界悄然发生变化。作为创新和变革的策源地，大学非但不应忽视或拒绝这种变化，而且应当从拓展社会服务功能的角度出发，高度重视和积极适应这一变化。在我国，清华、上海交大等众多国内名校已经开始与国内外的慕课平台展开全面合作。

3. 学习——从被动到自主

传统模式下学习者需要按照学校的课程表安排到教室听课，而在互联网环境下，学习成为随时随地都能进行的事情，只要连接网络就可以学习，不再完全依赖于课堂和书本，学习者能够突破校园的局限，真正实现时空上的自由。例如，在线课程的学习就充分体现了学习的自主性。学习者可以自主选择课程，进入课程学习后可以自主选择将学习过程中的经验体会放到网上与他人分享，最后可以对学习过程和学习成果进行自我评价或者由其他学习者进行评价。自主学习的模式变革给教育带来了两方面的挑战：一方面，要适应"互联网＋"时代"以学习者为中心"的思维方式，构建"以学习者为中心"的教育理念和模式。教育要真正把学习者作为服务对象，有效捕捉和满足他们个性化和多样化的学习需求。另一方面，自主学习也给学习者带来了一些负面影响。例如，学习碎片化的问题，学习者对大量唾手可得的碎片化信息通常只是一览而过，缺乏深度思考。再如，学习缺乏强制性的问题。互联网环境下的学习往往追求趣味化、娱乐化的体验，学习者难以有时间和耐心学习枯燥的基础知识。又如，在甄别问题时，面对良莠不齐的海量信息，如果学习者缺乏判断能力，再加上没有正确的引导，便难以从中积累和获取各种有益的知识，不利于个人的发展与提升。这些问题都需要用新的理念和形式来介入和解决。

（二）对"互联网＋教育"的模式畅想

1. "互联网＋教育内容"

这是"互联网＋教育"的资源基础与核心竞争力所在。慕课的出现为"互联网＋教育内容"模式提供了创新样板。借鉴国外慕课平台的经验，未来中国慕课的探索应当聚焦在提高课程学习的社会认可度上。在课程内容上，充分发挥公共服务体系的作用，明确服务教育、面向公共需求的定位；在机制创新上，探索利用新一代互联网技术打破地域、校际间的隔阂，深度整合现有教学内容和在线课程资源，形成课程互选和学习成果互认的模式。从慕课的深度发展可以预想，未来的"互联网＋教育内容"将重在探索以课程设计为核心，集成整合各类优质教育教学资源，构建教育资源超市。

2."互联网＋教育体验"

在"互联网＋"时代，用户体验为王。对教育来说，就要以学习者的需求为导向、以学习者的体验为核心。在精准把握学习者的需求后，利用大数据和云计算技术，对学习者的倾向、兴趣、能力、目标等进行智能分析。在满足学习者的体验方面，可以通过优化"互联网＋教育"产品的生产、设计和供应环节，帮助学习者深度参与其中。"互联网＋教育体验"的一个极致做法是通过教育类网络游戏实现快乐的"体验式学习"。国内已有网游公司着手开发教育类网络游戏，尝试把游戏的娱乐性和自主学习结合起来，为学习者创设生动的游戏化学习情境。[①]玩家在游戏情境中可以体验现实生活中不可能接触到的世界，而且游戏的奖励和竞争机制可以极大地调动学习兴趣，激发学习动力，持续增强自主学习的"黏性"。

3."互联网＋教育管理"

互联网技术可以有效促进教学管理、教务管理、校园管理、学生管理等各领域、各环节教育管理信息的互联互通，从而减少不必要的人力、物力和财力损耗，促进学校管理和服务的自动化、快捷化、个性化和智能化。作为教育信息化重要体现的"智慧校园"，就是"互联网＋教育管理"的产物。"所谓智慧校园，是以借助新一代的物理网、云计算、泛在感知等信息技术，打造物联化、智能化、感知化、信息化的新兴校园。"[②]由于智能设备的普遍应用，各种监测信息可随时被获取，这使智慧校园成为可能。未来，教学管理和教学状态监测、科研项目管理和科技成果转化、校务管理和学校决策支持、校园虚拟社区和人际交往平台、校园信息化生活服务和后勤管理等，都将为智慧校园和"互联网＋教育管理"的发展提供广阔空间。

第四节 "互联网＋"的创业生态

一、"互联网＋"时代的创业模式

一个时代，一种思维。不同的时代，会有不同的技术产生。互联网时代呈

---

① 过文俊，邓宗俭.教育网游：网络游戏发展新思路[J].西部论丛，2009（2）.
② 沈洁，黄宇星.智慧校园及其构建初探[J].福建教育学院学报，2011（6）.

现出各种新的特征，这些新特征决定了我们必须突破传统思维模式，以一种新的思维模式——互联网思维去思考，才能在"互联网 +"时代生存并制胜。

"互联网 +"时代决定着当今高校大学生创业模式的变化，高校大学生要想在 21 世纪成功创业，就必须积极学习与利用互联网技术，在现代"互联网 + 创业"的过程中，运用互联网思维，发挥自己的聪明才智。有学者根据互联网本身的一次开发以及其作为技术载体的二次或三次开发应用，结合创新创业理论以及"互联网 +"对大学生的创业模式进行新的划分与定义，将我国大学生的创业模式主要分为基于互联网技术本身的创业模式、基于"互联网 +"的创业模式和基于物联网导向的创业模式这三种。徐明特别指出，基于"互联网 +"的大学生自主创业模式，指的是互联网信息技术的发展，使得互联网创业的成本和进入门槛都大幅度降低，导致高校大学生越来越倾向于选择将互联网作为技术平台来进行创业。此外，还有更重要的一点，"互联网 + 创业"相比传统的创业，最为突出的一点就是它更强调创新的重要性，因为在"互联网 +"的时代，创新是其生命力所在，是维持其生命的源泉，更是其向上发展的动力。高校大学生正是一群朝气蓬勃、勇于拼搏、个性张扬并且拥有创新头脑的新一代的创业者。

二、"互联网 +"时代创业过程

对创业过程的探讨，有的学者采用模型分析，有的则从具体的步骤分析，无论从哪个角度分析，都没有最好的，只有最合适的。当前我国处于"互联网 +"时代背景下，创业会带有我国的时代特征。因此，我们在借鉴创业五阶段理论的基础上，应结合"互联网 +"一系列时代特征来探讨我国目前的创业过程。

（一）识别商机：用户思维与痛点思维

俗话说，好的开始是成功的一半，在创业上则更是如此，商机对于创业者来说是一个关键的突破口，这一阶段的成败直接决定着整个创业的兴衰。要在第一阶段取胜，则必须以互联网思维中的用户思维与痛点思维去思考和鉴别商机。用户思维，即以消费者的需求和体验至上。当今时代，各类小企业崛起，与其说是企业的时代，不如说是消费者的时代。例如，消费者在网络平台购买某个产品时，可以打开网络浏览相关购物信息。当打开该产品的网页时，大多数人都是简单粗略地看完产品后，接着会花更多的时间仔细看该商品的评论，如打开图片看"买家秀"，或者直接对该商品的所有买家提问。因为消费者更倾向于相信同一群体的话，所以当看到差评时或收到其他已使用过的买家发送来不建议购买的信息时，消费者会容易打消在该店购买该商品的念头。从我们日常生活中的例子可以看出，在"互联网＋"的时代里，消费者掌握着话语主动权，而且话语的扩散力在互联网技术的依托下迅速增强。传统的上街进店购物过程中，消费者则处于被动地位，消费者之间也没有任何联系，有的仅仅是在消费者私人小圈子内传播有关该店及其商品的信息。互联网的出现，使得网购更加普遍，用户思维也更加重要，因而企业不仅要关注产品的性能，而且还要为用户提供售前售后的服务。正如美国学者兼创业者戴夫·柯本等人在《互联网新思维——未来十年的企业变形记》一书中所指出的："用户思维，即打破企业与消费者的疆界，实现商业民主化。"他们认为，在移动互联网时代，企业与消费者之间已经没有隔阂，企业的产品以及服务，消费者的需求以及对产品和服务的体验都开始透明化、公开化，彼此之间的对话与互动开启了商业逐渐民主化的新篇章。

戴夫·柯本等人在强调移动互联网时代用户思维的基础上，进一步提出三个法则。

法则一：倾听。从说服到倾听，找到客户所关心的，而非企业认为重要的。只有主动倾听消费者的心声，才能获得更多信息，了解真实顾客以及潜在顾客的需求点，从而确定商机，确定企业的产品特质，用服务和产品帮消费者解决问题，并与其建立新的牢固关系。理查德·利维琛曾详细阐述过倾听，他把倾听的艺术分解为四个组成部分：探索、感受、映射和社交倾听。首先是探索，对于要接触的人和公司，尽可能多地获取他们的背景信息；其次是感受，当别人说话时倾听自己的感受，与感受紧密相关的是与他人建立并保持亲密感，对于倾听的过程来说，这也是相当重要的；再次是映射，向对方展示你是在真正倾听；最后是社交倾听，即内部倾听＋外部倾听。在所在企业内部学会倾听的同时，更不能忽略对外部环境中各个主体，特别是各个利益相关者的倾听。

法则二：参与感。通过讲故事打破与用户之间的界限，实现消费民主化。罗伯特·麦卡菲·布朗明确指出："在当今移动互联网时代，向世界表达观点的最有力方式就是讲故事。"讲故事，能够快速地将企业与消费者联系起来，从而引起情感上的共鸣，这样更有助于增强彼此关系的牢固性。故事，不仅仅限于企业的故事，还包括消费者的故事，以及社会上某个典型事例或典型人物。如此，企业与消费者之间能够更大程度地分享各种故事，特别是企业的创业故事，对消费者影响深远。

法则三：打造"以客户为中心"的企业价值链。要建立这种企业价值链，就必须以真诚为根基，真诚生产，真诚对待顾客，真诚对待员工。从企业创始人、领导人自身做起，逐渐将"真诚"融入企业的价值文化中，进而影响到消费者，大家彼此以诚相待，企业线下线上服务态度保持一致，只有如此，企业才能真正建立起"以客户为中心"的价值链。

痛点思维是用户思维的一个延伸，也是用户思维中最核心的一个点，即寻找用户的需求点，寻找用户的痛点。美国学者戴夫·柯本等人提出的三条法则，能让我们更快速、更准确地找到用户的痛点，从而使企业生产出的产品或提供的服务能够有效地帮助和解决消费者的痛点。例如，滴滴出行软件，不仅解决了人们出行难、打车难的问题，也在一定程度上有效地缓解了交通拥堵和废气污染等环境问题。

（二）抓住时机：政策思维与迭代思维

创办企业，并不是一个孤立的事情，它深受自身所处的环境影响，特别是当前政府政策的影响。我国当前对互联网创新的大力支持，体现在第十二届全国人民代表大会第三次会议开幕会上，李克强总理在政府工作报告中提到，制订"互联网 +"行动计划，推动移动互联网、云计算、大数据、物联网等与现代制造业结合，促进电子商务、工业互联网和互联网金融健康发展，引导互联网企业拓展国际市场。国家设立 400 亿元新兴产业创业投资引导基金，未来还要整合筹集更多资金，为产业创新加油助力。此外，国家对高校创新创业教育也高度重视，颁布多项政策，大力支持高校的创新创业教育。各高校根据自身特点及所处地区环境的具体情况对大学生进行创新创业教育的同时，也应积极学习和借鉴国外高校创新创业教育的经验教训。

本杰明·富兰克林说过："当你停止改变的时候，你这人也要完了。"因此，企业若想准确迅速地抓住时机，除了需要具备政策思维之外，还需要具备迭代思维，即快速迭代、快速适应、快速反应。迭代思维意味着企业必须实时并及时地关注消费者的需求，对消费者的需求变化做出快速反应，从消费者的细微需求入手，在持续迭代中不断完善产品与服务，才能在互联网时代不被淘汰，找到属于自己的一席之地。互联网代表着人类社会中变化最快的市场领域，因而适应性成了生存的关键。事实上，在对世界 500 强企业的营销人员进行的一次调查中，94% 的人认为快速适应变化的能力是互联网时代成功的最关键因素。快速迭代并不是完全抛弃过去，盲目求新，而是在过去的基础上，寻求进一步的突破点和完善点。正如埃里克·莱斯在《精益创业》一书中提出的有支点的互联网转型，他将转型描述为在坚定某一理念的同时改变方向的能力，与战略上愚蠢的冒险跳跃相反，有支点的转型会以先前的宝贵经验为杠杆。

（三）集聚资源：大数据思维与平台思维

"互联网＋"时代最为显著的特征之一就是大数据的普及与使用，很多学者和企业家都普遍把"互联网＋"时代称为"大数据时代"，由此足见大数据的重要性。我们处于互联网时代，面对海量的数据，不应置之不理或囫囵吞枣，应从海量数据中寻求和挖掘对自己有用的信息。例如，从网络购物者的浏览足迹、购买记录等数据，能够推测出该消费者近期的消费需求以及消费倾向，从而有针对性地向其推荐产品和服务。

企业集聚资源，除了需要具备大数据思维，还需要具备一种平台思维。这种平台包括两个方面。一个是企业内部员工平台，即创造一个平等自由的内部平台，尊重每一位员工的智慧，让每一位员工都能够在这个平台上大胆创新，充分发挥自己的才能。互联网的平台思维就是开放、共享、共赢的思维，这就意味着要把企业打造成一个开放的、多方共赢互利的生态圈。这个平台不仅要成为企业与消费者、供应商等联系的平台，还要成为员工发挥最大潜能的平台，甚至是一片属于员工自身的微创新、微创业的小天地。这一切都将围绕着如何打造企业内部"平台型组织"而展开。因此，企业应摒弃官僚主义文化，积极营造出一种创新开放的文化氛围，凝聚每一个个体的能量。另一个则是外部平台，创造企业与顾客、政府部门、竞争对手、合作者、媒体等各利益相关者的平台，使多方有机会沟通对话，彼此都有发言权，从而创造出一个合作共赢的大平台。

（四）寻求定位：标签思维与简约思维

特色，是企业生存与竞争的法则。特色，从根本上讲，就是企业最初的品牌定位。企业在自身定位问题上首先应具备标签思维，即让自身的产品和服务在某一个方面最具竞争力，当人们提到某方面的需求时，最先想到的就是自己的品牌。例如，洗发露的品牌定位：飘柔，带给消费者头发柔顺的体验；海飞丝，免除消费者头屑头痒的烦恼；潘婷，有效护理发根，营养头皮。

另外，简约，是当今时尚的趋势。《营销周刊》的一份最新调查显示，87%的消费者会给朋友推荐他们认为简约的品牌，而不是复杂的品牌。例如，苹果手机，其屏幕的款式与颜色都极其简洁，因而得到各国消费者的青睐。正如史蒂夫·乔布斯所言："人们以为专注的意思就是接受你必须关注的东西，但那完全不是专注的意思。专注意味着要拒绝其他上百个优秀的想法，你必须很仔细地挑选。"现代信息的日益庞杂，无形中给消费者增加了选择的难度。简约思维，就是要让消费者的生活简约到极致，高效到极致。

（五）积极宣传：粉丝思维与社交思维

不论企业刚创立还是处在发展期，都不能忽略对产品和服务的推广。企业处在创立期，需要让自身更广为人知，而处在发展期，需要的是将更新迭代后的企业形象大范围地扩散。在这两个阶段需要两种思维，即粉丝思维与社交思维。粉丝思维，即不断争取更多对企业产品或服务忠诚的依赖者，这些忠诚的依赖者一方面是企业生存的重要支柱，另一方面是扩大企业影响力的重要传播者，加之互联网技术的迅猛发展，企业的粉丝几乎呈几何级数增长。

虽然粉丝是一个重要群体，但企业仍需进一步扩大视野，培养社交思维。"互联网＋"时代的到来，使粉丝群体开始出现商业化特质，并且新时代背景下该群体是否具备社交思维则显得至关重要。社交媒体的发展，促使企业必须将其整个运作过程都透明化、公开化，积极参与到社交生态圈中。只有这样，企业才更有机会、更有能力去赢得更多的粉丝。

总而言之，在"互联网＋"时代，用户思维与痛点思维、政策思维与迭代思维、大数据思维与平台思维、标签思维与简约思维、粉丝思维与社交思维等一系列互联网新思维已经成为高校大学生进行创业时的必备思维。在互联网信息技术的支撑下，我国各高校都掀起大学生创业浪潮，新世纪的大学生能够拥抱互联网，积极运用互联网思维创业，如东华大学2020届服装与服饰设计专业的陶云亭、许鹏婷和上海杉达学院2020届同专业的郑依依的创业事迹。主修服装设计专业的她们，却创意设计类似盲盒一样的"潮玩"，并且注册了自己的工作室，名叫"garden kingdom"。"盲盒经济"瞄准的是15至35岁、来自一二线城市的具有高消费能力的年轻女性，通常这一群体关注潮流、注重自我表达。因此，许鹏婷作为主创和两个闺蜜共同设计和创造了一个名为"Cora公主"的IP，并赋予了她有趣的"灵魂"——主角Cora公主看上去文文弱弱、萌感十足，实际上勇于突破传统、热爱冒险。

她们对产品的推广也不走寻常路，她们把创意放到众筹网站上展示，很快就超过了众筹目标，这给了她们莫大的鼓励。

互联网为很多小众产品提供了更包容的空间，而技术的进步能够容纳更多细分方向，提供更多样化的风格和品牌。附加价值高的小众产品也能有生存空间，这就给年轻人不论就业还是创业都带来更多机会。时尚产业的重心正不断往年轻一代转移，90后、00后们对于个性的追求和更高的审美要求带来相当大的消费潜力，这个朝阳产业仍有着巨大的向上空间，未来也将提供更多的岗位。

三、众创空间创业生态系统的结构

在中央政府大力倡导的"大众创业、万众创新"的趋势下，不同的地区已经形成了不同的大众创业空间，简称"众创空间"。据不完全统计，2020年4月16日，科技部确定498家众创空间为国家备案众创空间。其中，腾讯众创空间（中关村）园区相比其他腾讯线下孵化空间有两大鲜明特色：一是定位"小而美"，聚焦小微团队，打造高精尖的创新创业生态圈；二是园区拥有15亿元专项基金，入驻中关村园区的创业团队将专享本次独有投资机会，提高创业成功概率。腾讯众创空间中关村园区将面向社交、教育、电商、O2O、大数据、人工智能、泛娱乐、文创等多种项目，重点引进15～30人的团队，兼顾2～15人以内的小微团队。通过联动社会各方资源，打造全要素立体化的特色初创项目孵化空间。再如，北京侨梦苑·侨创空间采用政府主导市场化运营机制，本着以"侨服务侨"为特色，以"侨创学院"为人才和智力支撑，以"侨商科技创新基金"为创业孵化资本支持，把"侨创咖啡红酒廊"作为广大华侨创业者的沟通交流空间和心灵家园，把"侨创大会与侨创大赛"作为凝聚海外华侨创客和引进海外高端人才与项目的有效途径，通过创新的"天、地、人"三维网格化支撑平台做基础，线上线下相结合开展运营，侨创空间五个支点相辅相成，搭建北京侨梦苑之间以及未来各地侨梦苑之间的有机联系，形成有机整体，力争打造创新创业生态体系。北京侨创空间将致力于打造成一个国际孵化平台，一个集创业空间、创业服务、创业投资三位一体的国际性创新创业孵化平台。侨创空间的运营管理团队通过利用自身多年的企业孵化经验，从国际资源、投资人圈、创业者圈、众创空间、特色服务、创园资本等六方面全方位布局，完善创新创业服务功能，为初创企业提供一站式的创业服务。其理念是通过已经成功创业的老海归帮助新一代的年轻留学生们回国成功创业，报效祖国。

对众创空间的创业生态系统结构的分析，主要应从生态学的角度去分析创业系统，重点强调众创空间中创业的各个因素的复杂性及彼此之间的联系。陈夙、项丽瑶等人曾以杭州"梦想小镇"为例去探析众创空间的创业生态系统结构，并对其进行了较为具体的阐述。他们认为，众创空间创业生态系统存在"众创精神、创客生态圈、资源生态圈以及基础平台与众创政策"等维度。正是这些要素或者维度的深入融合与互动，才形成了如今的创业生态系统结构。

在"互联网 +"这种大的创业生态系统中，高校大学生创新与创业的领域有了更多的方向，主要表现为：方向一，高科技领域。推荐商机包括软件开发、网页制作、网络服务、手机游戏开发等。方向二，智力服务领域。推荐商机包括家教、家教中介、设计工作室、翻译事务所等。方向三，连锁加盟领域。推荐商机包括快餐业、家政服务、校园小型超市、数码速印站、品牌产品代理等。方向四，开店。推荐商机包括高校内部或周边地区的餐厅、咖啡屋、美发屋、文具店、书店等。

第二章 创新创业教育进高校

第一节 创新创业教育的理论基础

一、创新创业教育相关概念

（一）创新的概念与类型

1.创新的概念

创新是指以现有思维方式提出的区别于常规思路的见解为导向，利用现有知识和条件，在特定环境下，本着理想化需要或为满足社会的需求，改进或创造新的事物、方法、元素、路径、环境，并且能够获得一定有益效果的行为。

创新是以新思维、新发明和新描述为特征的一种概念化过程，它起源于拉丁语，其原意有 3 层含义，即更新、创造新的东西和改变。创新，是人类特有的认知能力和实践能力，是人类主观能动性的高级表现形式，是推动民族进步和社会发展的不竭动力。一个民族要想走在时代前列，就不能没有理论思维，不能停止理论创新。创新在经济、商业、技术、社会学以及建筑学等领域的研究中都举足轻重。我国经常用"创新"一词表示改革的结果。改革被视为经济发展的主要推动力，促进创新的因素也被视为至关重要的条件。对于创新概念的理解一般有狭义和广义两个层次。狭义的创新概念立足于把技术和经济结合起来，即创新是从新思想的产生到产品设计、试制、生产、营销和市场化的一系列活动。广义的创新概念力求将科学、技术、教育等与经济融汇起来，即创新表现为不同参与者和机构（包括企业、政府、学校、科研机构等）之间交互作用的网络。在这个网络中，任何一个节点都可能成为创新行为实现的特定空间，创新行为因而可以表现在技术、体制或知识等不同层面上。

"创新"一词早在《南史·后妃传上·宋世祖殷淑仪》中就曾被提到，意为创立或创造新的东西。《韦氏词典》对"创新"作出的定义为引入新概念、新东西和革新。也就是说，"革故鼎新"（前所未有）与"引入"（并非前所未有）都属于创新。

国际上，奥地利经济学家约瑟夫·熊彼特是创新理论的奠基人。他最早在1911年出版的德文版《经济发展理论》一书中，就论述了关于经济增长并非均衡变化的思想。而后此书在1934年被译成英文时，使用了"创新"一词。1928年，熊彼特在首篇英文版论文《资本主义的非稳定性》中首次提出创新是一个过程的概念，并于1939年出版的《商业周期》一书中比较全面地提出了创新理论。按照熊彼特的观点，所谓"创新"，就是建立一种新的生产函数，也就是说，把一种从未出现过的关于生产要素和生产条件的"新组合"引入生产体系。在熊彼特看来，作为资本主义"灵魂"的"企业家"的职能就是不断"创新"，引入"新组合"。所谓"经济发展"，也是针对整个资本主义社会不断地实现这种"新组合"而言的。熊彼特所说的"创新"、"新组合"或"经济发展"，包括以下5种情况。①引进新产品。②引用新技术，即新的生产方法。③开辟新市场。④控制原材料新的供应来源。⑤实现企业的新型组织。自20世纪60年代起，管理学家们开始将创新引入管理领域。现代管理大师彼得·德鲁克在《动荡年代的管理》一书中发展了创新理论。他认为，创新的含义是有系统地抛弃昨天，有系统地寻求创新机会，在市场薄弱的地方寻找机会，在新知识萌芽时期寻找机会，在市场的需求和短缺中寻找机会。创新是赋予资源新的创造财富能力的行为，任何使现有资源的财富创造潜力发生改变的行为，都可以被称为创新。他还在《创新与创业精神》一书中提到，创新是企业家的特定工具，他们利用创新改变事实，并将其作为开创其他不同企业或服务项目的机遇。

2.创新的类型

创新是创业的源泉、本质和灵魂。创新能力是进行创业时最重要的资本。创新的类型主要包括以下几种。

（1）盈利模式创新。盈利模式创新是指公司利用全新的方式将产品和其他有价值的资源转变为现金。这种创新常常会挑战一个行业关于生产什么产品、确定怎样的价格、如何实现收入等问题的传统观念。溢价和竞拍是盈利模式创新的典型例子。

（2）网络创新。在当今互联的世界里，没有哪家公司能够独自完成所有事物。网络创新让公司可以充分借鉴其他公司的流程、技术、产品、渠道和品牌等。悬赏或众包等开放式创新方式是网络创新的典型例子。

（3）结构创新。结构创新是通过采用新颖的方式组织公司的资产（包括硬件、人力或无形资产）来创造价值。它可能涉及从人才管理系统到重新进行固定设备配置等方方面面。结构创新的例子包括建立激励机制，鼓励员工朝某个特定目标努力，实现资产标准化以降低运营成本和复杂性，创建企业大学以提供持续的高端培训，等等。

（4）流程创新。流程创新涉及公司主要产品或服务的各项生产活动和运营。这类创新需要彻底改变以往的业务经营方式，使公司具备独特的能力，高效运转，迅速适应新环境，并获得领先市场的利润率。流程创新常常是一个企业核心竞争力的重要组成部分。

（5）产品性能创新。产品性能创新是指公司在产品或服务的价值、特性和质量方面进行的创新。这类创新既涉及全新的产品，又包括能带来巨大增值的产品升级和产品线延伸。产品性能创新常常是竞争对手最容易效仿的一种创新方式。

（6）产品系统创新。产品系统创新是将单个产品和服务联系或捆绑，然后创造出一个可扩展的强大系统。产品系统创新可以帮助公司建立一个能够吸引和取悦顾客的生态环境，以此对抗其他竞争者。

（7）服务创新。服务创新保证并提高了产品的功用、性能和价值。它能使一个产品更容易被试用和享用，为顾客展现了他们可能会忽视的产品特性和功用，它能够解决顾客遇到的问题并弥补其在产品体验中的不愉快。

（8）渠道创新。渠道创新是指将产品与顾客和用户联系在一起的所有手段。虽然电子商务在近年来成为主导力量，但实体店等传统渠道还是很重要，特别是在创造身临其境的体验方面。例如，一些善于创新者常常能发掘出多种互补方式，将他们的产品和服务呈现给顾客。

（9）品牌创新。品牌创新有助于顾客和用户识别、记住该企业的产品，并在面对该企业和竞争对手的产品或替代品时选择该企业的产品。好的品牌创新能够形成一种"承诺"，吸引顾客并传递一种与众不同的身份感。

（10）顾客契合创新。顾客契合创新即了解顾客和用户的深层愿望，并利用这些了解来建立顾客与公司之间富有意义的联系。顾客契合创新开辟了广阔的探索空间，可以帮助人们找到合适的方式，把自己生活的一部分变得更加难忘、富有成效并充满喜悦。只选择一两种创新类型的简单创新不足以获得持久的成功，尤其是单纯的产品性能创新，很容易被模仿、被超越。创新主体需要综合应用上述多种创新类型，才能打造持续的竞争优势。

（二）创业的概念与类型

1.创业的概念

创业的原意是"创立基业"或者"建功立业"。《辞海（第六版）》对创业的解释是"创立基业"。"创业"一词最早出现于《孟子·梁惠王下》，"君子创业垂统，为可继也"，将创建功业与一脉相承、留传后世联系起来。创业一词由"创"和"业"组成。"创"一般指创建、创新、创立、创造、创意。而"业"一般是指学业、业务、工作、专业、就业、转业、事业、财产、家业等。由此可以看出，创业有丰富的内涵，不单单指创办企业。

对于创业，不同的学者从不同的角度出发对其有不同的解释。有人认为，创业是创业者对自己拥有的资源或通过努力能够拥有的资源进行优化整合，从而创造出更大经济或社会价值的过程。还有人认为，创业是一种劳动方式，是一种需要创业者运营，组织，运用服务、技术、器物，进行思考、推理和判断的行为。全球创业研究和创业教育的开拓者杰夫里·蒂蒙斯教授认为："创业是一种思考、推理和行为方式，它为机会所驱动，需要在方法上全盘考虑并拥有和谐的领导能力。创业导致价值的产生、增加、实现和更新，不只是为所有者，也为所有参与者和利益相关者。"当代管理大师彼得·德鲁克认为："任何敢于面对决策的人，都可能会通过学习成为一个创业者并具有创业精神。创业是一种行为，而不是个人的性格特征。"创业是一种可以组织并且需要组织的系统性工作。

借鉴以上各种定义并结合现实创业实践内容，笔者将开创新事业、扩大现有的生产规模或改变现有的经营模式都归结为创业。

2.创业的类型

随着创业活动的广泛开展，创业活动的类型也呈现出多样化的趋势。了解创业类型，比较不同类型创业活动的特点，有助于我们更好地理解和开展创业活动。创业类型的划分方式很多，所依据的标准也不尽相同。因此，本书从不同的维度出发，以全面的视角看待创业，对创业的类型进行划分。

（1）依创业目的可分为机会型创业和生存型创业。机会型创业是指创业的出发点并非为了谋生，而是为了抓住和利用市场机遇。它以市场机会为目标，以创造新的需要或满足潜在需求为目标，因而会带动新产业的发展。生存型创业是指为了谋生而自觉或被迫地创业，大多偏于追随和模仿，因而往往会加剧市场竞争。

（2）依创业起点可分为创建新企业和既有组织内创业。创建新企业是指创业者从无到有地创建全新企业的过程。这个过程充满机遇和希望，但风险和难度也大，创业者往往缺乏足够的资源、经验和支持。既有组织内创业是指在现有组织内的有目的的创新过程。以企业组织为例，可指公司由于产品、营销以及组织管理体系等方面的原因，在企业内进行重新创建的过程。

（3）依创业者数量可分为独立创业和合伙创业。独立创业是指创业者独自创办自己的企业，其优势在于产权归创业者个人所有，企业由创业者自由掌控，决策迅速，但其劣势在于创业者要独自承担风险，创业资源整合比较困难，并且受个人才能限制。合伙创业是指与他人共同创办企业，其优势和劣势正好与独立创业相反。

（4）依创业项目性质可分为传统技能型创业、高新技术型创业和知识服务型创业。传统技能型创业是指使用传统技术、工艺的创业项目，如酿酒、饮料、中药、工艺美术品等。这些独特的传统技能项目在市场上表现出经久不衰的竞争力。高新技术型创业是指知识密集度高，带有前沿性和研究开发性质的新技术、新产品的创业项目。例如，将航空航天等高新技术领域的成果实现产业化、研发新产品。知识服务型创业是指为人们提供知识、信息等内容的创业项目。当今社会，会计师事务所、工程咨询公司等各类知识性咨询服务机构不断细化和增加，这类项目投资少、见效快，竞争也非常激烈。

（5）依创业方向和风险可分为依附型创业、尾随型创业、独创型创业和对抗型创业。依附型创业可分为两种情况：一是依附于大企业或产业链而生存，在产业链中明确自己的角色，为大企业提供配套服务。二是获取经营权的使用权。例如，利用知名品牌效应和成熟的经营管理模式，通过连锁、加盟等方式进行创业。尾随型创业，即模仿他人创业，行业内已经有同类企业或类似经营项目。独创型创业是指提供的产品和服务能够填补市场空白。大到独创商品，小到商品的某种技术，如环保洗衣粉等。对抗型创业是指进入其他企业已经形成垄断地位的某个市场，与之对抗较量。

（6）依创业方式可分为复制型创业、模仿型创业、安定型创业和冒险型创业。复制型创业是在现有经营模式的基础上进行简单复制的过程。例如，某人原本在一家化工品制造企业担任生产部经理，后来离职创立一家与原化工品制造企业相似的新企业，且生产的产品和销售渠道与原来的企业相似。模仿型创业是一种在借鉴现有成功企业经验的基础上进行的重复性创业。这种创业虽然给顾客带来新创造的价值较低，创新的成分也较少，但对创业者自身命运的改变还是很大的。例如，某软件工程师辞职后，模仿别人开一家餐饮店。这种形式的创业具有较高的不确定性，学习过程长，犯错误的机会多，试错成本也较高。不过，创业者如果具有较高的素质，那么只要他受过专门的系统培训，注意把握市场进入契机，其创业成功的可能性就比较大。安定型创业是一种在比较熟悉的领域进行的不确定因素较少的创业。例如，企业内的研发团队在开发完成一项新产品之后，继续在该企业内开发另一款新的产品。这种创业形式强调的是个人创业精神的最大限度的实现，而不是对原有组织结构进行设计和调整。冒险型创业是一种在不熟悉的领域进行的不确定性较大的创业。这种创业除了对创业者具有较大的挑战外，还给其个人前途带来很大的不确定性。通常情况下，那些以创新的方式为人们提供具有自主知识产权的新产品、新服务的创业活动，便属于这种类型的创业。

二、创新创业教育目标和内容

（一）创新创业教育目标

建立准确、科学的创新创业教育目标是实现创新创业教育长期战略目标的基本要求。高校作为创新创业教育的主干，在创新创业教育培育体系中发挥着关键作用，在理解、确定创新创业教育目标时将其分解为以下三个方面。

1.教学目标

创新创业教育应体现在教学中并应贯穿教学的全过程。一方面，应根据创新创业教育的规律和特点开设创新创业教育课程，将创新创业的思想、理念融入日常教学之中，以创新创业教育带动传统教学课程体系的改革和相关学科的发展；另一方面，调整专业课程的设置，充分挖掘和利用各类专业课程的创新创业教育资源。同时，重视学科交叉、学科互补，建设依次递进、有机衔接、科学合理的创新创业教育专门课程群，使创新创业教育通过教学课程体系实现与专业教育的融合。

2.实践目标

实践性是创新创业教育的基本特征和落脚点。只有明确创新创业教育的实践性，将理论与课程教育转化为学生的创新创业实践，才能避免创新创业教育的理论化、形式化。因此，创新创业教育应以培养学生创新创业实践能力为重点，深入实施大学生创新创业训练计划，建设校外实践教育基地、创业示范基地、创业实习基地，充分利用学校、政府、社会各项资源，建设创新创业教育实践平台，营造良好的创新创业教育氛围，实现教学与实践的互动、学校与社会的衔接。

3.素质目标

创新创业教育是一项旨在培养学生终身受益的创新精神和创业品质的长期教育工程。从根本上讲，创新创业教育是一种素质教育，核心目标是培养学生的创新创业素质。这样的定位决定了创新创业教育是培养和提升大学生决策能力、组织能力、管理协调能力、领导能力等创业素质的主要渠道和方式，通过创新创业教育的开展，激发学生的创业意识，塑造学生的创业品格，培育学生的创业能力，使学生的综合素质得到全面发展，并通过学生创新创业精神的传递和创新创业实践活动的扩展带动创新型社会的形成。

（二）创新创业教育内容

创新创业教育的内容极其丰富，涵盖面广，主要包括对学生创新创业意识、能力、心理品质、综合知识各方面的培养。教育内容涉及创新教育、创业教育、心理教育和专业教育等。教育的开展方式也很多样，主要涉及课堂教学、校内实践和校外拓展等。其开展的内容包括提供各方面的创新创业咨询、信息服务和多种形式的技术支持，并开展创新创业培训课程、实训活动，为学生提供创新创业场所、基地等，还要为大学生设立创新创业扶持资金、专项基金和各种科研平台等。

1.创新创业意识

只有具备创新创业意识，才能形成创新创业行动的思想基础。拥有创新创业意识是指创业者相信自己的个人素质和能力能够提高到或已经达到创业所需水平，愿意开展创新创业行为，继而为此寻找商机、开始创业前的准备活动。如果将其外延扩大，也可以理解成一种"开拓意识"，也就是通俗意义上所说的"闯劲"。结合我国实际，大部分地区创新创业文化和氛围不强，在开展创新创业教育的初期，培养全体学生的开拓意识，对提升国家和社会对创新创业的认可度及整个国家的创新精神具有重要的意义。

2.创新创业能力

创新创业能力是创新创业型人才应具备的核心素质，指在已有情境，为圆满解决创新创业过程中的问题而综合使用的各种策略和手段。创新创业能力包括创新能力、学习能力、人际交往能力、经营管理能力、自我发展能力等与创新创业直接或间接相关的多种能力。

3.创新创业心理品质

健康的心理品质是创新创业成功的主要条件。创新创业心理品质是指在创业实践活动中对人的心理和行为起调节作用的个性意识特征，也就是我们通常所说的情感与意志。其主要包括与创新创业有关的心理素质以及情感过程与意志过程，也包括在教育过程中培养学生的创新创业心理品质，培养学生的合作精神和团队意识、顽强的意志和抗挫折能力、稳定而积极的情绪等。

4.创新创业综合知识

创新创业教育是一项系统工程，只有以综合知识为主要学习内容，才能形成一套完整的教育体系。在培养大学生创新创业意识、能力，使其具备其心理品质的同时，还要使大学生具备一定的有关创新创业的社会综合知识，这是开展创新创业教育的必然要求。创新创业知识是指与创新创业相关的专业知识、技术知识、经营知识、管理知识等综合知识。这些综合知识包括创新创业过程中涉及的基本政策法规、税收制度、市场环境等内容的分析以及经济核算方法、企业经营管理特点、商务谈判技巧等多方面内容。

三、创新创业教育的特征和功能

（一）创新创业教育的特征

作为一种全新的教育理念和教育模式，创新创业教育与传统教育相比有着无可比拟的优越性。把握其特性，有助于我们进一步全面理解创新创业教育的意义。具体来讲，创新创业教育有如下特征。

1.先进性

创新创业教育是一种具有前沿性的全新理念，它的发展史不长，从世界范围看也还没有一个现成的完整的模式供其参考，在实践中也没有一个统一的样板供其运用，因而需要我们不断探索。创新创业教育瞄准的是未来教育的趋势和需要。因其先进性，创新创业教育的实施对社会环境也提出了更高的要求，所以创新创业教育能够紧扣时代脉搏，发展创新型国家理论，体现时代精神，是一种先进的、科学的教育理念和模式。

2.实践性

为了用最简捷的办法让学生知晓创新创业的流程、知识、技巧以及可能会遇到的一些问题，做到准确把握、有的放矢，教育教学实践应一改传统的讲授模式，注重学生的实践过程。因此，在人才培养的过程中，应组织一线有经验的老师，借鉴先进地区的做法，为学生搭建更多实践性平台，全面推广实践教学，让学生在实践过程中掌握创新创业的本领，在实践中体验和了解书本上没有但实际会涉及的社会生存和处事方法，从而更好地适应和融入社会。加强社会实践活动是创新创业教育的一个重要环节，通过社会实践，学生能正确地面对社会现实，并根据社会需要提高相关职业能力，提升自己的素质。

3.系统性

每个高校毕业生的背后都寄托着一个家庭的殷切希望。因此，每一批高校毕业生都关系着数百万家庭的幸福与和谐，也可以说寄托着社会各界乃至整个国家的希望。教育部有关文件也特别强调，要把创新创业教育纳入专业教育和素质教育体系，制定教学计划和学分体系，构建多层次、立体化的教育教学体系。因此，可以看出创新创业教育的系统是复杂而庞大的，主要体现在：它的教育过程是通过各种可利用的教育方式来培养的，不仅有理论，也有实践，而且要不断在探索中前进；它的内容涉及经济社会文化各个层面甚至各交叉层面；它的实施不仅需要高校的教育，还需要社会各界的支持与理解、广泛联系与交流，这样它的科学系统性才能发挥良好的效果。

4.灵活性

相比其他教育模式，创新创业教育没有固定的模式，可以通过各种方法、途径来进行，非常灵活。创新创业教育是以市场为导向、以能力培养为目标的教育。新颖的体例、鲜活的内容、恰当的实训、有关创业的思考等都可以作为教学案例，进行灵活运用。教育活动中素材的选择和应用会随着不同环境而变化，在实践中为适应不同层次的需要所产生的价值也会不同。所以，要满足不同学生的学习需要，锻炼、培养、提高学生各方面的能力，应灵活设计教育教学的各个环节，采用多样的教学手段，因地制宜，因时制宜，不能一概而论。

（二）创新创业教育功能

创新创业教育是一个完整的系统，具备完善的功能。通过归纳概括，笔者认为它有以下三个方面的功能：服务社会功能、促进大学生全面发展功能和深化教育改革功能。

1.服务社会功能

创新创业教育是教育的一种社会实践活动，对促进国家加快转变经济发展方式、建设创新型国家起着非常重要的作用。一个国家的创新创业教育水平越高，社会效益和经济效果也就越好；社会的创新创业型人才发展越快，人们的物质文化生活水平也就越高，从而极大地推动社会的繁荣进步与发展。目前，创新创业无疑表现为促进经济增长的一个非常重要且积极的因素。创新创业教育还有利于化解就业难题，消除社会不稳定因素，建设和谐社会。现在我国经济正处于稳定增长状态，发展创新创业教育对促进社会稳定、建设人力资源强国尤为重要。因此，应充分发挥好创新创业教育职能，使受教育的学生将来成为社会财富的创造者，成为社会发展的有力推动者。

2.促进大学生全面发展功能

创新创业教育强调全面激发人的潜能，培养大学生创新性的思维方式，培养学生的能力以及技术、社交和管理技能，使大学生通过树立正确的世界观、人生观、价值观，从而确定自己的职业生涯，获得人生的成功。创新创业教育始终坚持以人为本，坚持面向全体，强调人的主体性和自由个性，帮助学生学会处理与他人、集体、社会的关系，提供给学生一个可以自由翱翔和自我规划的空间。大学生可以通过完善自身的技能，提高自己的创造力，为未来职业劳动打下良好的基础。因此，创新创业教育学习和实践，既能培养学生的健全人格，又能拓展他们的知识和能力，从而有益于提高大学生的整体素质，促进大学生的全面发展。

3.深化教育改革功能

把创新创业教育教学纳入学校改革发展规划，纳入教育教学评估指标，从根本上对传统教育理念进行深层次改革，确立与之相适应的人才培养模式，制订专门计划，明确部门职能，改革现有的专业教育和课程体系，对提高人才培养质量，保证高等教育的持续、健康发展起着重要作用。大学生创新创业教育通过树立科学发展观，创新教学内容、教学方法与评价方式，打破传统教育理念的局限性，注重教育方法的启发性与参与性，使课堂的体验性和开创性得以充分发挥，不断实现教育功能的跨越式发展，培养出具有开拓精神、创新精神和国际竞争力的人才。由此，高等教育才能适应市场经济对人才培养规格的要求，适应国家发展战略对知识型、创新型人才培养的需要，适应世界高等教育的新趋势，促进教育体制的改革与发展。

四、创新创业教育的必要性

（一）从大环境分析创新创业教育的必要性

第一，2021 年 10 月 12 日，《国务院办公厅关于进一步支持大学生创新创业的指导意见》（以下简称《意见》）公开发布。《意见》明确提出："将创新创业教育贯穿人才培养全过程。深化高校创新创业教育改革，健全课堂教学、自主学习、结合实践、指导帮扶、文化引领融为一体的高校创新创业教育体系，增强大学生的创新精神、创业意识和创新创业能力。建立以创新创业为导向的新型人才培养模式，健全校校、校企、校地、校所协同的创新创业人才培养机制，打造一批创新创业教育特色示范课程（教育部牵头，人力资源社会保障部等按职责分工负责）。"

第二，21 世纪，经济发展呈现出新的特点，经济增长与科技创新以及人才质量之间的关系越来越密切。在这种前提下，高校作为人才培养单位必须清楚认识到，创新人才的培养目前已经成为一项重要任务。我国只有在人才这一核心竞争力中占据优势，才能保证在各国竞争中立于不败之地。

第三，目前来看，全世界的经济增长普遍放缓，中国的经济增长方式也正由传统的粗放型向集约型过渡。在日趋精细化的发展过程中，劳动密集型工作逐渐被流水化作业取代，就业率呈现下降趋势，因而部分高校毕业生就业必然被影响，提倡大学生创业就成为不二之选。

（二）从学生的角度分析创新创业教育的必要性

第一，让学生更好地理解创业。近年来，我们的国家一直在鼓励大众创业、万众创新，而且很多刚毕业的学生在合作的前提下也取得了良好的创业成果。于是每一个学校也尽力地去呼应国家的要求，对大学生实施创新创业的教育，这样可以让学生更好地了解国家的指向，更好地理解创业的意义，对于大学生的就业来说，也非常的具有帮助。

第二，培养学生的创新意识。随着时代的不断发展，我们不断地意识到知识的重要性，创新也成为衡量我们个人才能的一大因素。每个学校对学生实施创新创业的教育，不仅可以让学生更好地理解创新创业，也可以培养学生的创新意识，对于学生未来的发展具有一定的帮助与指导意义。

第三，响应国家号召，适应当前教育发展要求。自 2021 年国务院办公厅发布了《意见》以来，各地政府为响应中央号召，相继出台了一系列针对高校学生创新创业的优惠政策。各级政府还根据大学生创新创业的具体情况，统筹安排各项资金，支持小微企业，扶持学生创业，并落实科技企业孵化器、大学科技园、研发费用加计扣除等利好型政策。此外，一些高校本身还建立健全弹性制学籍制度，支持创业学生保留学籍，解除这一部分学生的后顾之忧。

（三）从学校角度分析创新创业教育的必要性

第一，高等职业院校的宗旨是培养高素质技能型人才，这一宗旨与科研型本科院校的宗旨是不一样的。然而残酷的现实是，在毕业生进行岗位竞争时，用人单位不会这样人性化，他们都是择优录取，并且设置很多门槛，大大减少了高职毕业生的就业机会。这就要求高校在教学过程中，更要加强对学生的创新创业教育，鼓励学生自谋出路，提高学生毕业以后的发展质量。

第二，在同类高校中，毕业生之间也是存在竞争关系的。以会计专业为例来说，在校期间的三年，如果学生仅仅掌握书本理论知识，考取基本的从业资格证书，那么在就业市场饱和的情况下，该专业毕业的高职学生毫无竞争优势。但如果在学生考取从业资格证书的同时，学校加强对学生的创业意识教育，调动学生的创业积极性，培养其更多的优秀品质，让学生用专业知识"武装"自己，那么学生毕业后就业会相对容易一些。

总之，推进"大众创业、万众创新"是社会发展的动力之源，更是富民强国之策。学校肩负着培养人才的重任，应该在创新创业教育上加大投入，深化改革，使学生通过创新创业实现新的突破，从而实现创新支持创业、创业带动创新的良性发展。

第二节　创新与创业教育的耦合机制

一、创新教育与创业教育的异同点

（一）创新教育与创业教育的相同点

1.整体培养目标一致

素质教育主要以培养学生的全面发展为目的，重点针对学生的综合素质和创新能力进行培养。中共中央、国务院作出的《关于深化教育改革全面推进素质教育的决定》中指出，要全面贯彻党的教育方针，就必须实施素质教育，旨在提高国民素质，重点培养学生的创新精神和实践能力，造就有理想、有道德、有文化、有纪律、德智体美等全面发展的社会主义事业建设者和接班人。培养创新精神和创业能力是实施素质教育的重点，创新与创业教育所培养的人才只有具备创新精神，才能符合 21 世纪知识经济时代发展的人才要求。

创新教育旨在培养学生的综合素质，以培养学生的创新与创业能力为基本价值取向，全面发展学生的整体素质。在教学过程中，要将第一与第二课堂结合起来，即理论教学与实践活动相结合，最大限度地帮助学生选择知识和牢固地掌握理论知识，并将其进行相互融合，形成系统性的知识网络，进行创新知识体验，逐渐形成素质教育理念。创业教育是培养学生适应社会发展、市场变化而进行的教育，重点培养学生创业的独立性、择业的自律性，帮助学生利用自身现有资源开创事业。因此，培养具有创新精神和创业能力的人才，是提高我国综合国力的必要举措，是顺应新世纪发展要求与经济发展趋势的必然选择。从创业意义上看，创业能力的强弱直接凸显出创新意识与实践能力的强弱。所以，创新创业教育的重心与目标在整体层面上是一致的，旨在培养学生的创新精神和实践能力，培育社会发展所需要的创新创业型人才。

2.核心内容本质相通

从内容上讲，创新、创业是当代青年对于历史性问题的继承与发展。创新包括两个层面：一是社会价值层面，创新给人类文明带来了质的变化。二是个人层面，个人价值是体现自身创造价值的重要层面，包括个人创造的新事物、新知识、新理念、新方法等。大学生进行创新实践可以认为是大学生本身从事创新活动的基本心理形态，包括创新意识、创新思维、创新技能、创新理念四个方面。所谓创新意识，指的是在创新活动中体现出的主观意识和形态，表现为服从客观规律、侧重理性思考与问题质疑、追求自我超越等方面。创新思维则更侧重于创造力本身，以思维创新来带动实践创新，不断循环。创新思维包括发散式思维、想象力思维、逻辑性思维、直觉性思维等。创新技能则体现了个人的不同方面的能力，如信息搜索能力、问题分析与处理能力、动手能力、操作控制能力等。创新理念指的是个体在创新实践中非刻意表现出来的个性特征，如沉着冷静、勇敢坚定、好奇心强、独立自主、意志力强、乐于挑战自我、勇往直前和态度认真等良好的理念。个体在品质上的差异在一定程度上将影响其创新成就的高低，所以创新理念的形成是创新精神培养的一个不可缺少的阶段。

与创新一样，创业也包括社会价值与个人价值两个层面。社会价值的创业满足了发展生产力的需要，通过为社会提供新的产品或服务而为社会增添财富和工作岗位；个人价值的创业不但使个人求职谋生，获得精神物质财富的回报，也为其创新、创造施展才华提供了广阔天地。教育部颁发的《面向21世纪教育振兴行动计划》中指出，要对学生进行创业教育，首先要加强教师的创业教育培训，同时对学生的创业行为予以肯定并采取一定的鼓励措施。创业教育包括创业意识、创业精神、创业品质、创业能力四个方面的教育。所谓创业意识，是指在创业实践活动中对个人起动力作用的个性心理倾向。创业意识主要体现了创业者创业素质的社会性质，支配着创业者的创业行为与创业态度。所谓创业精神，江泽民同志将其概括为"64字创业精神"："解放思想、实事求是；积极探索、勇于创新；艰苦奋斗、知难而进；学习外国、自强不息；谦虚谨慎、不骄不躁；同心同德、顾全大局；勤俭节约、清正廉洁；励精图治、无私奉献。"创业品质则对创业者的心理素质有着很大的指引作用，它是创业者在创业过程中体现出来的心理活动与个性特征，与个人的气质、性格等有着一定的联系，主要表现为独立、勇敢、坚强、强大的意志力、适应性、乐于合作、善于协调等方面，也是对创业意志与感觉的反应。创业能力则包括专业技能、经营管理、社会沟通、实践分析、信息的接收与分析、把握好市场商机等能力。

把创新与创业教育四个方面的内涵进行对比，可以看出，创新与创业教育的内容与结构之间是相互融合、相互渗透、相辅相成的。作为创业的基础，创新起着孵化器的作用，创业是创新的载体，也是其表现形式，二者结合可形成一个辩证统一体。两者都重视对学生基本素养的教育，也都注重发展学生的创新人格、创新意识、创新精神，目的都是培养学生的综合素质与终身学习能力，认为学生的学习不仅仅是为了毕业，更重要的是为自己整个人生做准备。创业教育通过发挥学生的主动性与潜能，形成自我内心的精神支柱与独立自主的品质，旨在促进学生的终身学习与发展，促进主体性与个性相结合的自由式发展，探索教育的本质，寻求发展的本质。创新是创业的基础，通过对人才在未来创业实践中的检测，才能够验证创新教育在实施过程中的成效。

3.功能作用效果相同

创新教育不仅是教育方法的改革、教育手段的优化和教育内容的变化，还是教育功能为适应知识经济和市场经济提出来的。它是对教育功能的重新定位，是带有全局性、结构性的教育革新，揭示了人类的最高本质，即创造性的教育功能和价值追求。创新教育追求人格发展的和谐性与特异性的统一，高度重视学生思维中的独创性，鼓励他们努力塑造智商情商和谐共融的、完美健全的理想化人格，最终成为能够改造世界的人。

创业教育着眼于使教育能够更好地适应社会、经济、文化的发展，从而改变以前教育脱离实际、社会、市场、经济发展的弊端，让教育更有目的性、针对性、贴近现实、社会、市场、经济的发展，拓宽学生的就业前景，让学生的个性得到充分展示，让学生在以后的人生发展中更加完美。创新教育的根基在于实践性，创业教育的根本内容决定了学生的创业心理素质和个人品行，同时还让学生能更加适应实际工作的需要，进而增强工作技能和经营管理能力，成为社会的强者。从某种意义上讲，创业教育的目的就是培养学生终身可持续发展的能力，使其在将来的学习过程中学会做人做事、发展生存、实现自我价值等，这些功能与创业教育凸显的创新精神和实践能力的培养有着相同的效果。

在当今知识经济快速发展的环境下，科学综合与行业综合发展已成为时代发展的潮流和趋势，其在教育方面表现为教育的学科交叉性、知识课程的融合性。不管是创新教育还是创业教育，都是综合性、交叉性的，两者都包括教学内容、教学方法以及学生的综合能力、教师的知识传授等。无论是创新教育还是创业教育，都是群体与个人创造能力的培养和创造活动的展开，都是为国家造福，为未来人类的发展而服务的。两种教育都有各自的现实意义，都反映出

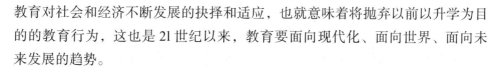

教育对社会和经济不断发展的抉择和适应，也就意味着将抛弃以前以升学为目的的教育行为，这也是 21 世纪以来，教育要面向现代化、面向世界、面向未来发展的趋势。

（二）创新教育与创业教育的不同点

创新教育与创业教育都是顺应时代要求而产生的，将二者进行比较后，不难发现，它们在宏观价值追求上具有一致性，在内容与最终目标上具有相似或相同性，是相互融合、相辅相成的。但两者培养的方法和要求方面各有不同。因此，二者并不能互相取代。

按照国家关于人才培养的要求来看，创新教育更加侧重对个人潜能的挖掘和培养，而创业教育侧重对个人价值的培养。创业教育将成为教育发展的"第三本教育护照"，指向更加精确，内容更加丰富和具体，也是创新教育的进一步拓展。创新教育的培养目标可以概括为创造性和创造力。创造性指创新精神、创业意识和创造性人格。创造力指创造性思维、创造性知识和创造性能力。创业教育主要将对人的创新精神和能力进行培养作为教育的方针路线。创业教育之本是成物成己，"成物"是创造新事物，创建新企业。"成己"则是成为创新创业之才。

首先，创业教育可以培育创新意识、训练创新思维。创新思维不是机械地按照过去的经验或规范准则思考问题，而是根据新情况和新问题，突破常规思维的局限，寻找与众不同的、富有新意的解决问题的办法。创业教育是提升大学生创新意识、训练创新思维的有效途径。创业教育让学生了解什么是创业，怎样创业，指导他们对创业意义的理解、创业成果的认可、创业实例的分析，激发他们浓厚的创业兴趣，启迪他们的创新意识，训练他们的创新思维，培养他们的创新精神。换言之，创业教育不要求学生直接从事创业活动，而是让学生在大学阶段通过接受创业教育，了解创业的基本规律和路径，为未来的职业选择或创业活动准备必要的知识、素质和能力，尤其是创新式思维能力。作为创新教育的载体及表现形式，创业教育依旧需要建立在学生基本素质的培养上。在知识经济快速发展与经济全球化的今天，我国的高等教育已经逐渐进入大众化普及阶段，高校只注重对学生的创新教育显然是不够的，而且创新教育一旦脱离创业元素，创新精神和创新能力将失去其本身的意义和价值。对此，高校应该顺应时代的发展需求，把创业教育当作创新教育的推广和取向，将创业元素融入创新教育中去，促进学生从"就业"到"创业"的转型，进而培养出真正能够适应时代发展，具有创新能力的高素质人才。

其次，从功能体现上来看，创业教育不能替代创新教育，但从传统教育方式到素质教育模式可以发现，大学为社会服务的使命感在增强，文化传承到文化创新的转变力度在加大，对开创性人才的培养变得更加重视。值得关注的是，创业教育不仅是一种理念，还是素质教育与创新教育走向实践的载体。

再次，从实现途径上看，创新教育是一种新的教育思想和教育观念，而不是一门具体的课程或具体的方法，它贯穿学校教育教学活动的全过程。大学的创新教育是通过学校的各种活动实现的，是与专业教育协同进行并寓于专业教育之中的。创新教育强调基础性的知识和技能训练，需要具体的人才培养模式和实践平台才能得以实现，有着更高的起点和追求。它融合了人文与科学，体现了大学的学术性特点。创业教育则有其独特的课程内容体系，涉及的更多是应用学科，包括创业意识类、创业个性类、创业能力类、创业知识类。课程实现也有多种，如学科课程、活动课程、环境课程、创业实践课程等。

最后，从具体的教育教学内容来看，主要有以下区别。

1.创新与创业意识的培养

创新意识作为个体参与创新活动的主观意愿和态度取向，侧重于挖掘知识的发展前景，对学生的创新欲望进行培养，使其心理品质有所提升，乐于质疑，敢于追求，善于思考，尊重客观规律等。在创业意识中，通过创业实践活动来对人的个性化行为进行一定的了解，对学生提出的要求、动力、想法等进行逐一地、有针对性地考虑，制定不同的培养方案。

2.创新与创业思维的培养

虽然二者都对学生的形象思维能力和逻辑思维能力进行综合培养，拓展其思维空间，但是心理学上认为，创新思维是一种创新式形象思维，而创业思维是一种创新式逻辑思维，其比创新思维更侧重于逆向思维。

3.创新和创业精神的培养

创新是人们在已有的知识积累上对知识进行的进一步扩展和延伸，从而衍生出新知识的过程。创新精神更注重对学生好奇心和探索精神的培养。创业精神则追求勇于冒险、不怕困难、迎难而上、上下求索等进取精神。

4.创新与创业能力的培养

创新能力主要是对学生行为、动作等的反映，它属于一种创新的工作机制，如对信息的获取、加工、分析、存储、处理等能力。创业能力是除了就业以外的其他独立生存的能力，这种能力是通过与市场行为之间的融合，顺利制定创业方向，努力实现创业目标的综合能力。创业能力不仅需要智力，而且更加注重综合素质和能力，包括专业技能、经验、管理技能、沟通技能、逻辑分析技能、解决问题的能力、信息处理能力、机遇获取和把握的能力等。

5. 创新与创业品质的培养

创新品质指个体在参与创新活动时表现出来的稳定的心理素质，其注重培养学生独立、勇敢、辩证、专心等良好的个人修养与品行。创业品质是创业者在创业过程中，对自身心理和行为进行适当调节后表现出来的个性化心理特征。创业品质和每个人的性格、气质有着非常密切的关系，其注重培养学生独立自主、勇于冒险、坚忍不拔、适应能力强、善于律己、善于合作的能力，它反映了创业者的组织能力和对问题的处理能力。总而言之，创业是以创新为基础的，同时也是创新的载体和内在表现。不同在于，前者注重对自我价值的最终实现，而后者注重人的综合发展，两者之间既相互制约又相互促进，形成一个不可分割的辩证统一体。

二、创新教育与创业教育的耦合条件

（一）二者耦合的内在驱动因子

上文已经分析了创新教育与创业教育的异同点，二者之间的统一辩证关系为其耦合提供了内在的驱动力。下文将分析二者耦合的内在驱动条件。

1. 创业教育必须以创新教育为基础

众所周知，创新是人类社会发展的根本动力，且教育领域内的创新能够带动人类社会的发展。创新教育是知识经济时代的内在要求，在经济全球化背景下，中国高等教育必须顺应国际市场的需求，面向世界、面向未来，培养与国际接轨的人才，培养具有创新精神的人才。创业教育的本质和核心是创新教育，是实施创新教育的一个关键的突破口，是创新教育的具体化和深化，目的是培养大学生的创新精神和创新能力，是素质教育顺应时代要求的更高层次的定位。

目前，我国比较缺乏促进创新人才成长的机制，大学制度僵化现象较为严重，目前流行的科技成果评价机制和评价体系，已经造成了严重的重数量、轻质量的倾向，导致了相当普遍的学术浮躁心态。除此之外，用人制度上的一系列限制也导致一些科技人才的能力得不到充分发挥，创造性受到压抑。创新教育是创业教育的基础与起点，创业教育在一定意义上是创新教育的延伸。创新教育的质量在很大程度上决定了创业教育的质量。总之，创新教育具有十分重要的地位和至关重要的价值，它是创业教育的基础，甚至可以说是创业教育的生命。

2. 创新教育必须以创业教育为最终的实现形式

创业教育的实施十分重要，尤其在推动我国经济发展以及保持社会稳定方面。创业教育主要通过创业的教学方式与实践的过程来激发大学生的创业意识、创新意识、创业思维，从而使其养成创新型人格。在此基础上，不断锻炼大学生的创新能力、创业技能，以实际的创业为出发点，达到创新教育的目标。此外，它直接反映的是经济社会发展的要求，它的成功实践对大学生群体转变就业观念比较有利，以创业的形式来提高社会就业率，减轻政府压力，从而为社会的稳定做出贡献。创新教育体现了一系列的观念、思想和制度，是一种崭新的教育模式。对创新教育而言，更具直接相关性的还有创业教育和社会的整体发展。可以说，对创新教育质量的衡量还是要凭借创业教育，创业教育的质量越好，创新教育的质量就越好。

首先，对大学生而言，创业是一个从无到有的过程。其中可以包含创新一家企业、创新一种产品、创新一种管理模式等，创业活动中充满了创新因素。其次，创业教育能激发大学生的创业热情。围绕创业活动，大学生进行一系列设计与创造，从而培养自身发现问题、解决问题的能力，进而培养大学生的创新思维与开拓精神。最后，创业活动是一个品质砥砺的过程。创业活动能够锻炼大学生勤奋、诚信的品质和坚毅、果敢的毅力，提升大学生自主、自信的信念，增强他们的实践能力。

创业教育是与素质教育和创新教育紧密结合对创业型人才进行培养的活动，从另一个角度反映了人的进一步全面发展。创业教育和创新、实践紧密相连，从其实践性和体验性看，仅靠课堂创业理论的传授、企业家专题讲座中创业意识的激发还不够，主要靠学生在实践中获得比较真实的体验。因此，学校应主动为学生提供其创业过程中所需的条件，积极引导。同时，学校还应加强校企之间的合作，与企事业单位共建创业教育实践基地、实习基地、课外创新创业基地，搭建学生创业平台，举办创业竞赛活动，积极组建创业团队，推广创新性试验计划，开展虚拟创业活动，并不断培养学生创新创业思维、创新创业能力，积极推动创业教育深入开展，最终使学生养成开创性人格。

3.对当下中国社会而言，创业教育比创新教育更重要、更迫切

从世界发展趋势和我国高等教育改革的实践来看，为什么会提出加强创业能力培养和实施创业教育的提议呢？从劳动市场的需求看，公共机关要减员增效，难以再大量地接收大学毕业生，大企业则因结构调整难以提供充足的就业机会；从求职者方面看，高等学校毕业生以往习惯于到公共机关或大企业谋职，有一种求稳的择业观念；从社会发展的趋势看，随着21世纪知识经济社会的到来，越来越需要更多的运作灵活的创新企业和产品。由此可见独立创业对未来劳动力市场的重要性。

通过以上的研究梳理，不难发现，尽管创新教育与创业教育有着各自明确的边界，互不等同，但二者并非相互独立甚至对立的，而是有着不可分割的内在联系。两者的关系表现为相互交叉、渗透与融合。在信息化、经济全球化大环境中，这种融合更多地表现为一种动态融合，即伴随着高校整个教育体系的方方面面，在这一过程中，创新精神、创业能力和创新意识的培养始终是创新创业教育体系成功的内在动力。

创新与创业教育内在的辩证关系为其耦合提供了强劲的驱动力。从我国目前的教育体系现状说，其本身存在的各种现实问题和发展需要也促使创新教育与创业教育体系的有效耦合。这主要体现在以下几方面。一是教育定位不当，创新教育与创业教育学科地位边缘化，人才培养目标、教学模式及对象不确定。二是仍然存在专业设置范围局限、课程体系化程度不高、内容缺乏鲜活性、教学方式枯燥呆板、实践性不强等问题。三是缺乏具有自主创新能力的拔尖人才，并且，人才开发和选拔的机制不够健全，科技成果转化率比较低。四是高等教育院校内部缺乏创新氛围以及创新机制，外部主要依附于政治和经济，缺乏批判和启蒙功能。五是基本教学单位的创新创业教学资源缺乏整合。创新创业教师队伍分散，其他教学资源也缺少有效整合利用。六是支撑教学的创新创业学术研究有待系统化和深化。创新教育目前主要侧重于研究创新的激励机制、复杂技术与产品创新、新兴技术管理、模仿与自主创新、创新联盟、创新战略等。但是，在企业创新体系、创新流程管理等方面还需要不断完善。创业教育则主要侧重于研究创业活动的筹划、投资者与创业者的信任关系、新创企业的治理结构、投资者的项目与团队选择、连锁经营机制等。

（二）二者耦合的外在促进因素

在创新与创业教育的耦合方面，政府的高度重视是一个有效的促进方式。党的十七大报告指出，要促进以创业带动就业，完善支持自主创业、自谋职业政策，加强就业观念教育，使更多劳动者成为创业者。在教育部的推动下，不少学校的创新创业教育也有了计划性，制定了相关制度和书面手册规范指引。当前，由于我国的产业结构不断调整，经济发展方式也在发生转变，这些变化都使得社会对科技人才和创业人才的需求加大，更多的创新机会和自主创业的舞台也应运而生。大学生从择业到创业，既是我国就业形势的必然趋势，也是我国经济增长的新亮点。我国深圳发展的实践过程、北京中关村、苏州工业园等地的创业实践和探索，都证实了创业对国家经济发展的推动作用，这些都为创新与创业教育的耦合提供了可靠的现实依据。经工商局统计，并结合大学升学就业中心的统计数据分析，2020年毕业的大学生自主创业率只有6.74%，而发达国家为20%～30%，这些数据说明了我国高校创新创业教育的耦合还存在诸多问题。

首先，高校还没有形成全方位、多角度和社会性的创新与创业教育氛围。社会、学校、家庭及个人对创新与创业缺乏了解，而且意识比较淡薄，没有认识到创新与创业教育的重要性与必要性。已经存在的创新与创业教育，教学目标比较模糊，主张创新与创业教育只是针对那些创新能力较强且想创业的学生所进行的一些创业技能培训，而缺乏创新能力的学生不需要接受创新与创业教育。这些认识上的偏差严重打击了教师教学以及学生创新与创业的积极性，也严重阻碍了创新与创业教育的开展。其次，到目前为止，创新与创业教育课程还没有在某些应用型本科院校开设，仅仅停留在指导学生进行创业计划和就业方面，而且绝大多数教师在教授实践课时缺乏理论指导，主要依靠自学或者经验进行教学。再次，虽然有的院校开设了相关课程，但课程量较少，缺乏对创新与创业意义的认识。最后，部分教师缺乏创新与创业的实战经验，以书本为主，导致创新与创业教学效果很差，很难提高学生的创新与创业素质，无法在校园内、社会上形成浓郁的创新与创业氛围。

从创新教育与创业教育的受众群体来说，其也需要建立二者的耦合教育体系。与通常的学习活动相比，创业教育对大学生来说，从理念的建立、计划的设计，到开展创业活动都是全新的。大学生在接受创业教育的过程中，经历了一个全新的创业观念建立与实践的过程。对绝大多数的学生来说，"创业"是一个从未接触或思考过的概念。许多学生对创业的认知较少，在创业的实践上是一张"白纸"。因此，应通过创业教育培养大学生的创新素质。

相关调查显示，目前，将创业活动理解为"实质性的经营活动"及"一般的社会实践活动"的大学生居多，分别占 50% 和 30%。在从事创业活动的目的方面，将近一半的大学生认为是"锻炼才干"，其次为"赢利"。总体来说，绝大多数大学生比较赞成在大学阶段参加创业活动，并且，有 46% 的本科生、54% 的研究生有创业意向。此外，申请创业的大学生数量普遍减少，而那些提出创业申请的大学生都是有备而来的，他们创业公司的经营范围也出现了多种选择。调查表明，大学生在创业方面已逐步变得理智，进入了理性实践的新时期。当前，相当多的大学生只是把创业活动当作一种课余活动，用来丰富课余生活。就我国目前高校的创业教育以及大学生创业活动的现状和形势看，我国进行的创业教育还只是处于一个较低的水平，还只处于初级阶段，不容乐观，这都与我国当前的经济发展程度、教育水平、人才培养模式和资本风险意识等有直接关系。因此，如何实现新的突破，使创业教育长期不衰，并得到更加实际的效果，已成为当前高校创业教育实施创新的一个重要课题。

在大学开设创业教育，对绝大多数的大学生来说，重要的是激发他们的创业意识和兴趣，在创业教育的过程中逐步培养起大学生的创新意识、思维、方法和能力。创业教育的直接成果是大学生成功进行自主创业，大学毕业生直接进入自主创业行列，直接推动国家经济的发展。如果是高科技的创业则直接推动国家的技术创新。然而，参与创业活动需要有独立性、开拓性的素质。

21 世纪是创新、创业的时代，中国要实现建设创新型国家的宏伟目标，彻底解决大学生就业难的现实问题，就需要依靠具有创新精神和创业能力的新时代优秀大学生。此外，国家中长期教育改革和发展规划纲要也对此做出了明确的要求，提出要进一步加强创新办学体制、人才培养体制以及教育管理体制，加大力度培养创新型、实用型、复合型人才。《2021 中国创新创业报告》显示，2021 年中国平均每天新登记企业 1.2 万户，比 2020 年日均新登记企业 1 万户有明显提升。根据创业者需求，创业分为生存型、发展型和机会型。《双创报告》还显示，在庞大的创业主力军中，有约 20.4 万人来自 2020 届大学生，大学生是"机会型"创业的主力军，能够推动科技创新，加速科技成果的生产力转化，并以大学生创业带动大学生就业。因此，高校重视大学生创新创业教育的耦合，作为外部力量的政府应营造有利于创新创业的环境并加强对大学生创新创业的扶持力度，有效地催生一批科技含量较高的中小企业，更好地为经济和社会发展服务。

三、创新教育与创业教育的耦合路径

（一）主体层面的耦合

从主体角度看，该耦合机制分为以下三个方面。

1.学校－社会、企业－学生的创新、创业耦合机制

高校必须针对社会当前和长远的经济、政治和文化等发展战略目标，提出包括专业、类型、层次、规模等在内的创新创业型人才培养的具体要求。高校应明确办学目标，以思想政治教育、素质教育、专业教育为依托，明确具体的服务面向和实际的社会目标，及时准确地向学生反映、传达社会的创新创业需求变化，完善人才市场供求信息发布制度，定期发布高等院校毕业生需求预测报告。高校还要不断提升学生的管理水平，了解学生自身对创新创业教育的需求，不断满足学生身心发展的需要。学校－社会、企业－学生的创新、创业耦合机制如图2-1所示。

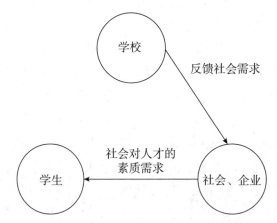

图2-1　学校－社会、企业－学生的创新、创业耦合机制

2.学生－学校－社会、企业的创新、创业耦合机制

该耦合机制的核心部分主要是大学生，他们也是最主要的受教育者，它要求学生在完成学校教学目标的基础上，抓住机会，提升创新创业素质。同时，它还要求学生在校期间积极参加社会的创新实践，深入了解社会，并充分认识自己，从社会中学习处世之道，有效地将自己所学的创新创业知识转化为社会

财富。学生－学校－社会、企业的创新、创业耦合机制如图 2-2 所示。

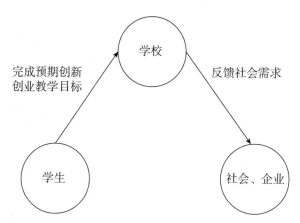

图 2-2 学生－学校－社会、企业的创新、创业耦合机制

3.社会、企业－学校－学生的创新、创业耦合机制

实际上，该耦合机制有两个社会责任。第一个责任，及时地将各种创新创业型人才需求反馈给高校，便于高校顺利地调整创新创业教育的计划；第二个责任，为学生提供各种社会实践职位，提高他们将理论知识与工作实践相结合的能力。一般来说，提高实践能力，是培养学生创新精神、创新能力的重要方式，可以激发学生的学习热情，巩固所学的专业知识，为高校毕业生创业增加成功的砝码。社会、企业－学校－学生的创新、创业耦合机制如图 2-3 所示。

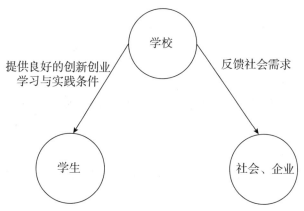

图 2-3 社会、企业－学校－学生的创新、创业耦合机制

（二）体系层面的耦合

从教育体系各层面来看，该耦合机制分为以下四个方面。

1.教育目标层面：注重融合，形成一体化

创新是研究的主要动力来源，因而高校的职责应重在培养学生的创新创业能力，把创业思想纳入创新教育的培养体系，以培养学生的创新意识、创业技能等。把创新与创业理念相融合，纳入学校课堂教学、教育管理中去，实现全过程、全方位教育，并逐步达到教育育人、管理育人、服务育人的目的。在此基础上，形成第一课堂与第二课堂、理论教育与实践培训、显性课程与隐性课程、校园教育与社会教育、自我教育与榜样教育等紧密结合的教育机制，并建立健全调研、检查、考核、监督、评估、反馈等工作机制，逐步形成一体化的创新创业教育机制。

2.课程教学层面：注重渗透，形成层次化

作为创新创业教育的主渠道，课堂教学要把创新创业教育纳入其专业理论教学计划中分步实施，并不断改革创新。首先，要从原先的专业理论课堂教学中分出一定课时来进行创新创业知识技能的专题讲授。其次，根据学生不同层次及专业的需求，开设大学生创新创业教育公共选修课。最后，条件相对成熟的研究型大学还可以设置一些创新创业教育的必修课程，并且组织相关专家学者和教师编写创新创业书籍作为教材，让每个在校学生都有机会系统学习创新创业教育理论知识。从教学内容的角度看，则要注意针对性、现实性、可学性和时代性，使学生经过系统学习后，不仅能树立起创新思维，增强创业意识，还能学到创新创业技能。除了传统的课堂教育，还需不断创新教学方式，积极拓展"第二课堂"，将学科专业教学、创新创业教育理论教学与实践活动等有机结合，让学生更多地接触、了解和掌握创新创业的相关知识和技能。

3.社会实践层面：注重熏陶，形成长效化

社会在本质上是实践的。因此，创新创业教育的耦合要充分利用课外活动、参观学习、社会实践活动等载体，大力开展形式多样、寓教于乐的创业活动，帮助大学生建立创新思维，树立创业认识，并将其转化为实际行动。新形势下，大学生成长过程既具有普遍性的发展问题，又带有个体性的差异，因而还要注重创新、创业教育耦合的层次性。对一般的学生，可以通过开展普通的创新创业讲座、辅导与训练、素质拓展性训练、创业案例分析、创业基地参观实习等达到培养目的。对某些创新思维很灵活的学生，则要根据其个性特点，加强他们的创新创业锻炼，给予他们更多的创新实践的机会，如创业大赛等，甚至制定专门的创新创业教育方案。

4.校园文化层面：注重引领，形成统一性

大学生在一种特定的文化氛围中活动时，会受到其中特定群体在意识上的一些熏陶以及影响，并且在社会化过程中形成一种文化意识和文化品格。因此，高校应该把创新创业教育耦合后的文化建设纳入校园文化建设之中，并将创新创业教育作为主要内容，根据大学生的身心发展以及成长规律，组织多种有关创新创业教育活动，营造一个良好的创新创业校园文化氛围。利用和发挥好各种宣传媒体资源（学校广播台、校刊、校报、宣传橱窗等）的优势，大力传播创新创业文化。开展创新创业教育与服务，并强化具有创业意愿大学生的参与意识。在校园文化建设方面，要更加注重提炼、升华创新、创业精神，提倡创新，用大学精神凝聚人心，形成统一。

因此，必须与时俱进，不断开拓创新，构建创新与创业教育的耦合机制，将整个时代、社会、生活以及大学生的实际情况紧密结合起来，注重建设长效机制，并不断提高新时期高校创新创业教育的科学化水平。

第三节　创新创业精神与生涯发展

创新创业精神是以创新、变革为核心的个性品质，也是推动社会经济变革的重要力量。它既表现为创业者在创业实践活动中所体现出来的独特的市场判断能力、与众不同的行为方式，以及敢于冒险、敢于担当、百折不挠的意志品质等，也体现在一个国家或一个企业的技术创新、经营模式创新、管理制度创新、产业创新等。它既对创业者的人生追求和事业发展具有重要影响，也对企业的发展、民族的兴旺和国家繁荣具有重要影响。

一、创新创新创业精神的综合概述

（一）创新创新创业精神的概念

创新创业精神这个概念最早出现于18世纪，多年来，其含义在不断变化着。综合已有创新创业精神的定义，笔者这样界定创新创业精神：创新创业精神是创业者在创业过程中的重要行为特征的高度凝结，这种精神主要表现为敢于创新、勇担风险、团结协作、坚持不懈等。创新创业精神的基本内涵可以从哲学层面、心理学层面、行为学层面加以理解。从哲学层面看，创新创业精神是大众对创业行为在思想观念上的理性认识；从心理学层面看，创新创业精神是大众在创业过程中体现的创业意志和创业个性的心理基础；从行为学层面看，创新创业精神是大众在创业时所表现出的创业品质和创业素质的行为模式。创新创业精神是创业者各种素质的综合体现，它集冒险精神、风险意识、效益观念和科学精神为一体，体现了创业者具有开创性的观念、思想和个性，以及积极进取、不惧失败和敢于承担等优秀品质。创新创业精神不但是一种抽象的品质，而且是推动创业者进行创业实践的重要力量。这具体表现在以下三个方面：第一，创新创业精神能让创业者发现别人注意不到的趋势和变化，看到别人看不到的市场前景；第二，创新创业精神能让创业者在新事物、新环境、新技术、新需求、新动向面前具有较强的吸纳力和转化力；第三，创新创业精神能让创业者不断地寻找机遇，不断地追求创新，不断地推出新的产品和新的经营方式。

（二）创新创新创业精神的来源

创新创业精神的形成与发展受相应文化环境、产业环境、生存环境等的影响。

1.文化环境

创业本身是一种学习。创业者离不开现实文化环境。作为学习者，其所生活区域的文化就是学习的重要内容之一。因此，在一个商业文化氛围浓厚的地方，潜在的创业行动者容易培养创新创业精神。以温州为例，温州发达的商业文化传统，孕育了当今温州商人的创新创业精神。

2.产业环境

不同的产业环境会对创新创业精神产生影响。对垄断行业而言，企业缺少竞争，就容易抑制创新创业精神的产生。在一个完全竞争的市场结构中，由于企业间优胜劣汰，竞争激烈，更有可能形成创新创业精神。

3.生存环境

常言道："穷则思变。"从生存环境看，资源贫瘠、条件恶劣的区域往往能激发人的斗志。从创业视角分析，在资源贫瘠的地方，人们为了改善生存状况而寻求发展机会，整合外界资源，进而催生创业念头，激发创新创业精神。

（三）创新创新创业精神的特征

20 世纪的经济学家约瑟夫·熊彼特专门研究了创业者创新和要求进步的积极性所导致的动荡和变化。熊彼特将创新创业精神看作一股"创造性的破坏力量"。因为，创业者创造的"新组合"使旧产业遭到淘汰，原有的经营方式被全新的、更好的方式取代。管理学家彼得·德鲁克则将这一理念推进了一步，他将创业者称作主动寻求变化、对变化做出反应并将变化视为机会的人。

综观各个学派、各方人士对创新创业精神的理解，通过对古今中外创业者的创业活动和人格特征的深入分析，我们将创新创业精神的特征概括为以下几个方面。

1. 综合性

创新创业精神，是由很多精神特质综合作用而产生的。例如，创新精神、拼搏精神、专一精神、进取精神、合作精神等，都是创新创业精神的重要特质。

2. 整体性

创新创业精神，是由哲学层面的创业观念、心理学层面的创业意志和行为学层面的创业品质构成的整体，缺少其中任何一个层面，都无法构成创新创业精神。

3. 先进性

创新创业精神，体现在立志开创前无古人的事业，所以它必然具有超越历史的先进性，想前人之未曾想、做前人之未曾做。

4. 时代性

不同时代的人，面对着不同的物质生活条件和精神生活条件，创新创业精神的物质基础和精神营养自然有所不同，因而创新创业精神的内容也就各不相同。

5. 地域性

创新创业精神还明显带有地域特色。例如，作为改革开放前沿的广东，其创新创业精神明显带有"敢为天下先"、"务实求真"、"开放兼容"和"独立自主"等特性。

（四）创新创新创业精神的相关因素

1.创新创业精神与学历高低无关

创新创业精神与一个人学历的高低无关。无论是中学生、本科生还是博士生，只要其拥有创新创业精神，这种精神就不会因为学历的差距而有任何不同。

2.创新创业精神与企业大小无关

需要说明的是，创新创业精神与企业大小也没有关系。不论是大型企业的老板还是便利店的老板，在开办企业时，所需要拥有的创新创业精神都是一样的，并不会因为所创企业的大小不同而使创新创业精神的本质有丝毫的区别。

（五）创新创新创业精神的作用

创新创业精神能激起人们进行创业实践的欲望，是一种心理上的内在动力机制。创新创业精神在很大程度上决定着一个人是否敢于投身创业实践，它支配着人们对创业实践活动的行为和态度，并影响行为和态度的方向及强度。

创新创业精神能够渗透到三个广阔的领域产生作用：个人成就的取得（个人如何成功地创建自己的企业）、大企业的成长（大公司如何使其整个组织都重新焕发创新创业精神，以具有更强的竞争力）和国家的经济发展（帮助人民变得富强）。创新创业精神的力量能够帮助个人、企业，乃至整个国家或地区在面对竞争时走向成功和繁荣。当前，世界产业结构正经历着彻底转变，创新创业精神定会在我国发挥更大的作用，它有利于加快转变经济发展方式，促使经济社会又好又快发展。

（六）创新创新创业精神的培育

1.培育创业人格

个性特征对个体创业来说是极其重要的，尤其是"独立性"、"敢为性"、"坚持性"等特征。因此，人格的教育对创新创新创业精神的培养来说是十分重要的。高校要根据大学生的心理特点，有针对性地教授他们人格层面的知识，引导大学生树立心理健康意识、强化心理素质，提高心理调节能力和对于社会的适应能力，培养学生坚韧不拔的意志品质和艰苦奋斗的内在精神，提高承受挫折和解决问题的能力。此外，还可以采用创业案例，剖析创业者的人格特征，对学生进行心理训练等，让他们了解形成良好心理素质与优秀人格特征的途径。

2.培养创新能力

创新能力是创新创业精神的核心，因而高校必须突出对学生创新能力的培养。一定要尊重学生的个性发展，爱护和培养学生的好奇心，为学生潜能的充分开发营造出一种良好的氛围。鼓励学生敢于突破，有针对性地突破前人、突破书本、突破老师。开设创新创造类课程、举办主题知识技能竞赛，让学生感受、理解创新的产生和发展过程，培养学生的创新思维和科学精神。

3.宣扬创业文化

校园文化是学生成才的外部环境，对学生来说，它具有陶冶、激励和导向功能。高校应将创新创业精神有机地融入学科活动、科技活动等活动中，以培养学生的创新创业精神。高校可邀请企业家或校友来学校作报告，增强大学生对于创业的信心，用他们的激情感染学生，鼓励学生。

4.强化创业实践

鼓励学生在课余时间参加一些创业模拟和社会实践活动，增强学生对企业的了解以及对社会的适应能力。例如，在校内外开展创业竞赛活动、与外部企业联合开展学生的实习、见习等。"纸上得来终觉浅，绝知此事要躬行"，应让学生在实践中磨炼自己，形成正确的创业认知，培育创新创业精神，增强解决问题的能力。

二、创新创业精神与个人生涯发展

创新创业精神并不是与生俱来的，而在于后天的学习、思考和实践。创新创业精神一旦形成，就会对人的一生产生重要的影响。这种影响不仅体现在创业准备阶段并贯穿创业活动的始终，还体现在日常的工作、学习和生活中。从某种意义上说，创新创业精神不但决定个人生涯发展的态度，而且决定个人生涯发展的高度和速度。

（一）创新创业精神决定个人生涯发展的态度

作为一个社会人，其生涯发展必然要受到各种社会因素的影响。但是，不同的人由于其生涯发展的态度不同，所以在面临各种各样的发展机遇时，其选择也不相同。创新创业精神作为一种思想观念、个性心理特征和行为模式的综合体，必然会对其生涯发展态度具有重要影响。例如，创新创业精神中思想观念的开放性、开创性，容易让人接受新思想、新事物，形成开放的态度，敢于开风气之先，从而想他人未曾想，做他人不敢做，成为事业上的领跑者。再如，创新创业精神中的创新精神、拼搏精神、进取精神、合作精神等，能使人树立积极的生活态度，在顺境中居安思危、不懈奋进，在逆境中不消沉萎靡、排除万难、励精图治，重新找到生涯发展的方向。有道是"态度决定一切"，在相同的个人天赋和社会环境下，有创新创业精神的人有着比其他人更加积极的人生态度，所以更有可能发现机会、把握机会，也更有可能看到别人看不到的风景。

（二）创新创业精神决定个人生涯发展的高度

创新创业精神是一个人核心素质的集中体现，它不仅决定了一个人在机遇面前的选择，而且决定了一个人的生涯目标和事业追求。具有创新创业精神的人，无论是创办自己的企业，还是在各种各样的企事业单位就业，都会志存高远、目光远大、心胸宽广。这样的人不但在事业上会取得更大的成绩，在个人品德和修为上也会达到更高的境界。

随着国家经济、政治、文化、社会、生态"五位一体"的深入改革，社会结构将发生重大调整，各行各业将在变革中重新达到利益均衡，这既为个人的发展提供了更多的机会，也给其带来了更大的挑战。在这种背景下，大学生如果能够有意识地培养自己的创新创业精神，让个人理想与社会发展的趋势和节奏相吻合，就有可能使自己的事业发展，达到计划经济时期无法想象的高度。但是，大学生如果在个人生涯发展上仍然沿袭计划经济时期的思维模式，不去主动规划自己的生涯发展，一切等着家长、学校和政府安排，一心想找个安稳、轻闲的"铁饭碗"，就很有可能一辈子也找不到理想的工作，甚至毕业就"失业"。

（三）创新创业精神决定个人生涯发展的速度

创新创业精神是一种主动精神和创造精神，这种精神能让人积极主动、优质、高效地做好自己承担的每一份工作，从而在平凡的岗位上做出不平凡的贡献。实践证明，具有创新创业精神的人，不管在什么岗位，不管从事什么职业，其强烈的成就动机，其追求增长、追求效率的欲望，都将转化为内心强劲的追求事业成功的动力。在这种动力驱使下，人们会将眼前的工作作为未来事业发展的起点，把握好生命中的每一个机会，做好自己从事的每一项工作。创新创业精神也是一种求真务实的精神。这种精神的本质，就是实事求是、讲求实效，就是实干苦干、反对浮夸、反对空谈。在人类社会的发展史上，许多企业家正是凭借这种精神，创造了从白手起家到富可敌国的财富神话；许多科学家、思想家、政治家、教育家和劳动模范，也正是凭借这种精神，从一个普通学子成长为举世瞩目的业界精英。当前，我国正处于改革开放的攻坚时期，改革是一条从未有人涉足过的路，所以既不能在书本中找到答案，也无法从前人的经验中寻找固定的模式，更不能靠空想和辩论来解决出路问题。在这种背景下，富有创新创业精神的人，敢于凭借自身实践与探索，"摸着石头过河"完成更多的任务，从而取得更快的发展。

三、创新精神与个人生涯发展

个人生涯发展要求对于未来的行业走向有一定的预见性，这需要创新精神。例如，德布罗意从 18 岁开始在巴黎索邦大学学习历史，并且于 1910 年获得历史学位。1911 年，他听到作为第一届索尔维物理讨论会秘书的莫里斯谈到关于光、辐射、量子性质等问题的讨论后，激起了强烈兴趣，了解到普朗克和爱因斯坦关于量子方面的工作，进一步引起了他对物理学的极大兴趣。经过一番思想斗争之后，德布罗意终于放弃了已决定的研究法国历史的计划，选择了物理学的研究道路，并希望通过物理学研究获得博士学位。

从上面的例子中可以看出，德布罗意对于自己未来从事的职业充满了创新精神。在当时物理学的热潮逐渐消退的情况之下，他能够富有预见性地创新地去追寻物理学的道路，这一点难能可贵，德布罗意也因为创新精神完成了自己的人生规划。

个人生涯发展要求对自己的目标有开拓精神，这需要创新精神。

1968 年的春天，罗伯特·舒乐博士决心在美国加州建造一座水晶大教堂。他向著名的设计师菲力普·约翰逊说出了自己的梦想："我要建造的不是一座普通的大教堂，而是要建造一座人间的伊甸园。"菲力普·约翰逊问他："预算需用多少钱？"

罗伯特·舒乐博士坦率而明确地回答："我现在一分钱也没有，对我来说，是 1000 万美元还是 400 万美元的预算没有本质上的区别。重要的是，这座水晶大教堂本身一定要具有足够的魅力来吸引捐款。"

后来，水晶大教堂的预算初步定为 700 万美元。这 700 万美元对于当时的罗伯特·舒乐博士来说，不仅是一个超出他能力范围的数字，而且也是超出了众人理解范围的数字。

从此，罗伯特·舒乐博士开始了苦口婆心、坚持不懈的漫长募捐生涯。

到第二年的时候，罗伯特·舒乐博士以每扇窗户 500 美元的价格请求美国人认购水晶大教堂的窗户，付款的方法为每月 50 美元，10 个月分期付清。实际情况比预想的要好得多，还不足 6 个月，一万多扇窗户就全部认购完毕。

建造水晶大教堂共用掉了 2000 万美元，比最初预算多得多，全部是罗伯特·舒乐博士一点一滴筹集来的。

1980 年 9 月，历时 12 年，可容纳一万人的水晶大教堂全部竣工，成为世界建筑史上的一个奇迹，也成为世界各地前往加州的人必去瞻仰的胜景——名副其实的人间伊甸园。

舒乐博士的目标就很有创新精神，只有我们拥有一个有创新精神的目标时，我们的生涯发展和规划最终取得的效果才能达到完美的效果。

个人生涯发展要求实行的过程有变通，这需要创新精神。

钱学森就曾经碰到过发展中高端武器的难题：导弹与飞机，都是非常重要的武器。钱老在解决我们国家武器选择的问题上，创新性地提出飞机对于材料的强度刚度要求都比较高，而我国薄弱的工业基础无法保证我们的材料能够过关，因而发展导弹对于我们国家更为实际。这一目标就充满了创新精神。

钱老后来在卫星的元器件的选择上也创新性地提出只需要保证总成功概率较高，可以忽视一些较小的成功概率元器件的理论，这一创新性地回答保证了我们的卫星发射这一规划成功实施。

从这里可以发现生涯规划实施的过程可能非常艰辛，但只要我们具有创新精神就可以迈过很多坎，解决很多难以解决的问题，这也正是创新精神的价值所在。

创新精神可以广泛地与我们生涯规划与发展互相联系，创新精神的价值可以充分体现在生涯制定与执行的任何一个环节之上。因此，我们平时制定执行生涯规划时，应该发动大脑，努力创新，将我们的生涯规划得更加完美，并通过不断创新将之执行下去。

第四节 国内外创新创业教育模式

一、国内创新创业教育模式

（一）主体教育模式

主体教育模式主张人本教育，反对物本教育，主张把学生培养成主体，注重学生自主性、主动性与创造性的培养，主体教育的最终目的是让每一位学生都获得综合发展，具体内容包含以下三点。

1.教育主体

教育自身就包含自我能动性以及相对独立性，主体教育更是注重学生能动性以及独立性的培养，让学生与社会、企业接轨。这种教育理念随着新课程改革的实施愈发受到重视，主体教育模式要求实行教育本体的形式，严格根据学生的发展规律对他们进行培养教育，不能把学生一直关在温室中，鼓励学生多与社会和企业接触，尊重学生主观能动性的发展，鼓励他们多养成自己的想法，注重自我发展。

2.受教主体

受教主体就是指接受教育的青年学生。青年学生的发展与外部环境有着密不可分的关系，受到自身因素与外界因素的共同作用，主体教育模式和其他教育方式存在诸多不同之处，即将学生视为社会的主体来进行教育，充分激发他们的潜在能力，将学生放在教育的主人翁位置上，而不是把他们当作社会客体进行机械化的改造，注重学生主观能动性的发挥。如果将学生放在主人翁的位置上，学校和教师要为学生的全面发展提供便利，激发学生主体能动性的发挥。具体来说，教师应在课内外激发学生对学习的兴趣和热情，增强他们对于学习的积极性，发挥主体能动性，并带动其他方面能力的发展。这种主体教育模式对青年学生独立性、能动性的培养有着十分积极的意义，帮助他们养成独立学习生活的意识，这也符合新世纪对人才的要求。

3.施教主体

施教主体是学校和教师。教师与学生之间的关系并不是简单的主体与客体的关系，相对于学生，教师在整个教学活动中有着更高的主体性。主体教育模式要求明确施教者的主体位置，只有当教师的主体位置得到保障，他们才能在教学过程中培养青年学生的主体意识。

从价值理论出发点考虑的话，主体教育模式的教育理念中将人视为社会生活的主体，从人的主体性来对教育的本质和功能进行阐述，它将人自身的价值视为教育的最高价值。创新创业教育的主体教育模式有助于将青年学生的主体意识与创业意识、创业心理素质、创业能力、创业实践等有机结合，最终把青年学生培养成社会和国家的栋梁之材。

（二）个性化教育模式

个性的发展是新世纪人才培养的重要特征，也是教育革新的重点，注重学生个性的发展已经得到全世界范围内教育领域的认可，个性化教育已成为如今教育领域改革的核心所在。

主体教育模式注重学生的主观能动性，个性化教育模式则注重不同学生之间存在的多样性。每一位学生都是独特的，他们的家庭背景、个体特征、性格特点等都是造成他们之间多样化的原因。个性化教育模式正是关注到了不同学生之间的多样性，认可不同学生表现出来的智力、体力、思想、意识和情感态度方面的不同，并且按照学生之间的这种不同以及学生的身心发展规律，为学生提供有针对性的个性教育以及最适宜的教育模式，充分发扬学生的个体特征，为每位学生不同个性的发挥奠定基础，激发学生其他潜在能力的发挥，最终实现德、智、体、美、劳各方面的综合发展。

个性化教育模式的核心在于施教者为每个学生提供最适合他们的教育，使学生的个性特长得到充分发展。充分尊重和发扬每一个学生的特性，根据学生的不同特性因材施教，帮助学生认清自身特性，养成良好的道德品质，突破以往传统僵硬的教学方式，完成教育和学生特性的完美结合，支持学生将自身的特性充分发挥出来，将自己的个性、爱好以及特长与教育结合起来，为社会的进步贡献自己的力量[①]。新世纪对人才提出了更高、更新颖的要求，只有注重学生个性的发扬，注重学生创新精神的培养才能满足社会对人才的需求。

例如，浙江大学便是个性化教育模式运用的典型代表。作为一流大学领跑者的浙江大学，其办学理念大多与个性化本科教育的创新有关。为了展开个性

---

① 钱美玲，覃丽.高校主体性创业教育模式的内涵与建构探究[J].石家庄经济学院学报，2013（2）.

化教育，浙江大学对本科生在第二学年才进行专业分流，学生在一年级可广泛选修课程来开阔知识与眼界，并有更多的机会发掘自己的兴趣与潜能，因而学生在选择主攻方向时有充分的时间做出较为理性的决定。另外，学生选择专业还可广泛咨询授课教师、导师和其他教辅人员，通过学习大量的选修课程和教师的专业性建议，学生就会容易找到适合自己的专业。

创新创业教育理念便是尊重和发扬学生的个性特征。个性化教育模式以个性化理论为理论基础，依据不同学生的不同特性设置教育教学的内容、方式和机制，充分发扬学生的个性特征和潜在能力，引领学生增强创新意识，为学生的全面、综合发展提供条件，突破传统教育模式，防止教育僵化，为新世纪培育更多优秀人才。

（三）全面发展教育模式

全面发展教育理念是如今我国教育改革的主要方向，全面发展教育模式正是这一理念的体现，主要包含两方面的内容。其一，要把脑力与体力结合起来，也就是以往教育中所提到的德、智、体、美、劳全面发展；其二，充分激发个人才能的发挥，促进其才能与品质的协调发展。新世纪对人才的能力要求有了提高，对于个人品质的要求更高，只有全方面综合发展，才能符合新世纪对于人才的要求。在个性化教育理念的指导下，对青年学生的教学不仅要考虑他们之间的差异性，还要考虑到同一年龄阶段学生的相似性，以促进青年学生的全面综合发展。

传统教育理念容易忽略学生个体的发展，教师往往从自身的角度出发考虑，没有根据学生的特性为他们制定合适的教学模式，这种较为机械化的教学方式带来的后果必然是阻碍学生潜在能力的发挥。全面发展教育模式对学校和教师提出新要求，要求他们从学生的实际出发考虑，尊重学生自身发展规律，通过改进教学手段为学生的全面发展奠定基础，创造良好的氛围，让学生在学习书本知识的同时，接受社会的实践锻炼，在实践中不断将书本知识转化为自己独有的思考方式，从而实现学以致用的目的，促进学生的全面综合发展。这样学生既能掌握书本知识，又能接受社会的磨炼，成为新世纪所需要的综合型人才。从这个角度看的话，个性化教育模式与全面发展教育模式是相通的，后者要求更深远一点，将这两种教育模式联系起来，在帮助学生发扬个性的同时，也能促进学生的全面发展。

创新创业教育的核心思想是在确保受教育者长期发展的基础上，促进他们个性的综合发展。具体来说，其一，不仅要注重受教育者创新意识的培养，也要照顾到他们在实际学习工作和生活中的需求；其二，在传播知识文化的时候，不要用传统的思想禁锢学生个性的发展，而要鼓励学生提出个性化想法；其三，在支持学生发扬个性的同时，也要避免他们养成强烈的个人主义；其四，对于每位教师和学生的特性都给予关注，重视其创新精神的形成。

例如，中国人民大学便是全面发展教育模式的典型代表。中国人民大学的课程结构主要由基础类课程和专业类课程组成，具体包括基础必修课程模块、专业必选课程模块、自选深化课程模块、补充学习模块和实验实习课程模块，主要着眼于学科基础知识和基本能力的培养，为学生打下深厚的专业基础功底。在课程内容上，中国人民大学非常注重跨学科课程建设，如为医学工程专业专门设计了一门综合课程，融合了与工程科学相关的包括物理、化学、数学、生物、电子、信息学、医学、体育等学科的内容，这一综合课程成为全国的首创[①]。中国人民大学非常重视研究与教学相结合，强调教学科研人员要以最高水准从事研究工作，学生一入学就进入以教学研究、产业应用为链条的培养体系。为了紧随科研和产业发展的趋势，各研究所在教学管理上拥有极大的教学自主权，能够推动学生的全面发展。

总的来说，创新创业教育的模式和理念以坚实的理论为基础，是对新世纪时代特征的反映，指引着我国教育领域的改革与进步。

二、国外创新创业教育模式

（一）聚焦模式

聚焦模式是典型的大学生创业教育模式，这一模式最先出现在哈佛大学。它把创业教育的范围设定在商学院或管理学院内，也就是说将开展创业教育的全部细节都交给商学院或管理学院承担，并且开设整体健全的专业课程。在选择教学对象的时候，要在商学院或管理学院的学生中进行严格的挑选。因此，接受了聚焦模式教育之后出来的学生，创业成功的比例很大。此外，针对创业管理建立完整的资料和案例库，为研究者提供良好的环境，也是哈佛商学院的优势所在[②]。

聚焦模式的代表学院是哈佛大学商学院，哈佛大学商学院给予"创业精神"一种全新的界定，即创业就是自己给自己创造机会，自己给自己带来资

---

① 王晓辉．一流大学个性化人才培养模式研究 [D]．武汉：华中师范大学，2014．

② 房国忠，刘宏妍．美国大学生创业教育模式及其启示 [J]．外国教育研究，2006（12）．

源，不仅是创造财富的行为，更是一种创造新生事物的行为。因此，从哈佛大学商学院毕业的大部分学生都会选择创业。哈佛大学商学院创新创业教育大获成功的原因还得益于它的三大教育准则。第一，创业需要团队协作，个人是团队的一分子，盲目的个人主义是不被允许的，必须重视团队间的合作；第二，每一位学生都有创业的潜力，创新创业教育的最终目标便是让每一位学生都具备自主创业的意识和能力；第三，创业是一件光荣的事情，不只是因为它可能带来的光辉，更是因为在创业途中创业者所需要克服的困难和付出的汗水。

哈佛大学商学院 MBA 项目被美国小企业协会和创业协会评为"2004 年度全国创业项目模型"，可见哈佛商学院创新创业教育的成功，美国大部分成功的创业者都曾在哈佛商学院求学，它的成功离不开半个多世纪的教学经验。第一，教育过程健全。完善的创新创业教育系统能够培养出综合创业能力强的学生；第二，创新创业教育教师资源丰富。哈佛商学院有 60 多位知名的创新创业教师，理论与实践课程的教师资源都十分丰富；第三，创业项目覆盖范围广泛。哈佛商学院的创业实训项目丰富多样，学生入学的第一年便开始让他们接触创业实践，学院可以提供超过 20 门的实践课程供学生选择学习。

（二）磁石模式

磁石模式不仅为学校商学院的学生提供创新创业教育，也为商学院以外的学生提供创业教育，其相信不管是否是商学院的学生都可以在创业中获得成功。目前，面向全校学生开展的创新创业教育都采用的是磁石模式，这些创业教育活动大都仍由商学院管理中心举办，但全校学生都可以参加。磁石模式的类型划分为单一磁石模式和多重磁石模式。单一磁石模式的典型代表是麻省理工学院，它仅有一个创业教育管理中心；多重磁石模式的典型代表则是斯坦福大学，其拥有多个创业教育管理中心。

麻省理工学院的创新创业教学最早可以追溯到 1958 年，可以说它是美国早期开展创新创业教育的一批学校，麻省理工学院内有着浓厚的创新创业气氛。麻省理工学院的创业教育管理中心为该校学生提供了五种创新创业课程：第一，入门级创业课程；第二，专业性强的创业课程；第三，专业技术方面的创业课程；第四，实践性的创业课程；第五，个性化的创业课程。学生可以根据自己的兴趣爱好选择不同的创业教学课程，并且不同学院的学生可以坐在一起和教师相互交流想法，从不同的专业性角度出发探讨创业想法，相互谈论彼此的观点，这种教学方式对活跃学生的创新思维十分有益。麻省理工学院采取多种多样的创新创业教学手段，还邀请创业成功的校友为学生分享他们的经验和体会，这也是麻省理工学院创业教育管理中心的特点所在——注重经验的传递。

除了正式的创业教育管理中心，麻省理工学院还有不少其他自发的创业组织，这些组织由创业教育管理中心进行统一的指导。创业教育管理中心的宗旨是："有一个好的思想和一个好商业计划，但如果创业者没有足够经营技能和经验与之相匹配，那么再好的商业计划也是很难成功的。"① 所以，麻省理工学院的创业教育形成了数十个项目组织和中心，共同在校园内建设"创业生态系统"，学院专门提供创业指导教师，对学生的创业活动进行指导。

斯坦福大学的创新创业教育始于硅谷创业浪潮迸发时期，并在多年的发展中不断取得进步。斯坦福大学商学院在 1996 年正式创建创业教育管理中心，为后续创业研究管理中心的建成提供了借鉴。在此之后，斯坦福大学工程学院、法学院和科技学院的创业管理中心也陆续创建成功，截至目前，斯坦福大学拥有三个创业管理中心，为全校学生提供创新创业教育。斯坦福大学对创业教育的含义进行了自己独有的界定，它认为创业教育有两重含义。一是通过创业教育将创业者的创业经验、创业知识和创业技能，以及他们对创业的理解传递给学生；二是通过对学生进行创业教育，将创业精神内化为学生的精神气质，使创业成为学生的一种生活方式和思维方式。②

目前，斯坦福大学的创新创业课程不断健全，斯坦福大学商学院的创业管理中心已经开设了 21 门创新创业教学课程，不只商学院的学生可以学习这些课程教学，全校学生都可以到这些课堂上进行学习。斯坦福大学工学院技术创业管理中心的教学目标是推动高新技术创业教育，培养未来工程师和科学家的创业技能。工学院的创业教学针对性更强，更好地做到了因材施教，为本科生、研究生和博士生设置了不同层次的创新创业教学课程。此外，斯坦福大学医学院、法学院和教育学院等学院也相继设立了创新创业方面的教学课程。

斯坦福大学创新创业教育课程有十分显著的特色，即理论与实践紧密结合、学院与业界良性互动③。斯坦福大学经常邀请成功的创业者或企业家到学

---

① 刘林青，夏清华，周潞.创业型大学的创业生态系统初探：以麻省理工学院为例 [J].高等教育研究，2009（3）.

② 熊华军，岳芬.斯坦福大学创业教育的内涵及启示 [J].比较教育研究，2011（11）.

③ 张帏，高建.斯坦福大学创业教育体系和特点的研究 [J].科学学与科学技术管理，2006（9）.

校开展讲座，让他们用自己的亲身经历为学生讲授创业的技巧，让学生与他们进行面对面的交流沟通，还邀请创业成功的校友回校与学生进行交谈。除了让学生在学校上课和听讲座之外，还组织他们参与创业实践活动。例如，创业管理中心举办的商业策划书大赛，鼓励学生积极参与进来，并且这些创业实践活动大多由学生自主举办，这也是他们获得实践锻炼的机会。

（三）辐射模式

辐射模式是指学校给予全校学生创新创业教育，并且支持不同学院的教师、学生都主动参与到创新创业教育中来，也就是说辐射模式突出了不同学院教师与学生的参与，这也是辐射模式与磁石模式之间的本质区别。该模式在学校创建创业教育管理中心，引导学生开展创业活动，从整体上规划学院创新创业活动的实施。辐射模式的出发点是根据不同学生的不同特性来实施创新创业教育，并且分享不同学院之间的创业教学资源。

康奈尔大学是一所快速发展的公立大学，它十分看重公平性原则，它认为每一位掌握了创业技能和相关知识的学生对任何工作环境都具有重大价值。康奈尔大学的创业教育管理中心由实施创业教育的各个学院的院长组成，而管理中心主任则对全校的创新创业活动进行统一的指导。在该校的创新创业教育，能够将创业理论课程与时间课程紧紧地联系在一起，不同学院和专业的学生都可以根据自身条件选择不同的课程进行学习。因此，优秀丰富的教师资源必不可少。为了吸引和栽培更多更优秀的教师为创业教育贡献力量，康奈尔大学每年都会拿出一部分专项资金对那些为创新创业教育事业做出杰出贡献的教师进行奖励。

康奈尔大学的创业教育采用的是辐射模式。从学生的角度说，其为学生提供实践性更强的创业教育，将理论知识与实践充分结合起来；从教师的角度说，它让不同专业的师生相互沟通，在交流中不断提升思维能力；从学校的角度说，不同学院综合培养出来的学生能够更具竞争性。但是，我们应意识到，辐射模式在使用和管理过程中依然有协调不力、课程设置不合理、教师资源稀缺等不足之处，并且协调不力是辐射模式最大的缺点。康奈尔大学总共有9个学院加入了创新创业教育，每个学院根据自己的专业特征为学生开设了不同的创业课程。协调不同学院之间的课程是一项极具挑战的任务，一旦协调不好便会导致整个创新创业教育的混乱和失调。此外，辐射模式要求不同学院的教师能够融会贯通不同的创业课程。因此，怎样对创业教育课程教师展开培训，激发其他教师主动参与到创新创业教育的队伍中是目前采用辐射模式开展创新创业教育的高校需要考虑的问题。

(四)混合模式

混合模式是指在一所高校中，创业教育的对象一部分面向商学院、工程学院的学生，另一部分面向全校学生，也就意味着专业教育和普及教育的结合。如今，创业不再只是商学院的专利，不少其他学院的学生也纷纷走上创业的道路，他们学习计算机、化学等各个方面的专业知识，在这些行业进行创业并取得成功。因此，采取混合模式进行创新创业教育的高校愈发增多。高校学生愈发热衷于自主创业，在密歇根大学中，不少学生未进入大学之前就着手寻求创业的时机。调查发现，将近15%的学生未正式进入大学之前就已经开始开展自己的创业计划。对此，高校创业教育所需要解决的是怎样引导和支持学生的创业计划。

密歇根大学大力支持学生的创业计划，为学生的创业行为提供帮助。密歇根大学已经建成一系列支持学生创业行为的项目，包括100多种不同专业的创业课程、创业孵化器、商业策划书大赛等，在校园中营造良好的鼓励创业、不怕失败的创新创业氛围。密歇根大学不仅在商学院和工程学院创建创业教育管理中心，还在全校范围内带领学生组织创业，目的是宣传创业精神。因此，密歇根大学既为商学院、工程学院的学生提供专业的创业教育，也鼓励其他学院的学生参与到创业教育的课程中来。此外，密歇根大学还为学生专门创建了企业加速器，目的是帮助学生们在创业初期取得进展，为创业初期的企业提供支持，让初期创业者迅速成长起来。众所周知，团队合作是创新必不可少的因素，新世纪个人主义显然已不受用。以科学家做实验来说，团队合作能够更好地研究出新的东西，各个领域的进步包括创业也同样如此。密歇根大学和密歇根州的另外两所大学——密歇根州立大学及韦恩州立大学，结成了长期合作的伙伴关系，并将它们之间的合作命名为"大学研究走廊"。这个合作组织的目标在于推动密歇根州经济的进步、多样性和长期发展，为学生的创业行为提供更多的机会，这也是推动当地经济增长的重要途径。密歇根大学还建立了专门的科研综合楼，使其成为学生创业行为的孵化器，努力与校外的优秀企业达成长期伙伴关系，为学生的创业教育提供更多的实践机会。

第三章 大学生创新创业教育之课程建设
——基于"互联网+"视角

第一节 多层次、立体化的创新创业课程要素

近年来，国家相继印发多份相关文件，对高校创新创业教育提出更高、更迫切、更明确的要求。高校实施好创新创业课程建设工作，是将创新创业教育活动落地的首要环节。现将课程要素分析如下。

一、课程目标

课程目标是指在课程设计、实施过程中所体现的教育价值基本要求，是指学生通过课程学习，在态度、知识、技能方面达到的预期效果。

（一）目标设置依据

1.政策依据

国家政策是创新创业课程实施的大背景，创新创业课程需要按照国家的文件精神，解读国家在创新创业课程目标方面释放出的信号。相关文件有《普通本科学校创业教育教学基本要求（试行）》《教育部关于大力推进高等学校创新创业教育和大学生自主创业工作的意见》《教育部关于做好2016届全国普通高等学校毕业生就业创业工作的通知》《国务院办公厅关于进一步支持大学生创新创业的指导意见》等。

2.市场依据

高校教育、创新创业教育都是面向市场的教育，高校创新创业课程目标应着眼于培养走出社会的人才，以社会要求确定培养目标，以市场需求进行课程设置。例如，浙江大学创业教育课程以培养"专业基础知识扎实、创新意识强烈、创业技能突出的高科技混合型人才"为目标，这一目标便是在国家创新创业政策大背景下顺应市场发展需求而调整的。

3.学生发展依据

学生发展依据有以下两方面：一是学生职业发展需要，旨在通过课程学习，获得更为宽广的职业生涯发展空间，为学生终身的职业发展打下基础；二是以就业为导向，强调对学生职业实践能力的培养，是知识、能力和素质的协调统一。

（二）目标设置特征

1.职业性

创新创业课程目标是让学生通过课程学习在未来创新创业工作中获得成功。课程设置目标要指向学生的课程成绩，更要指向学生在学习和工作中所体现出来的工作技能、创新能力，以及被认可的程度、开展创新创业实践的基础知识和能力。

2.行业性

课程目标设定不能脱离行业、企业和市场，因而课程目标设计须与行业、某个经济领域、行业或企业的成长规律有关。创新创业课程应在教学目标中增加学生对当前热门行业、热门创新经济领域的认知，增加对某行业创新创业企业成长规律的认知。

3.实践性

学生接受高等教育为职场生涯打基础，因为实践动手能力比理论知识更为重要，所以课程目标应体现实践性。创新创业课程的实践性在于突出学生需要掌握的创新和创业技能。美国社区学院将实践性体现在创业活动课程方面，他们以创业计划大赛、各类创业活动、企业孵化器为主要实施途径，如斯普林菲尔德社区学院的"一天的创业者"是较为知名的创业实践课之一，课程中学生会接受到来自企业专任教师的创业理念教学，让学生感知和了解怎么开展创业活动。

4.变化性

高等教育的课程目标是为了适应特定区域、特定职业所开发和实施的，所参考的社会经济发展、行业发展、企业发展背景是一个动态发展过程，也是一个充分吸收当前最新科技、经济发展成果，紧跟时代发展的过程。创新创业课程的目标设置要结合当地经济发展形势和特点来设定，要有一定的变化和弹性。

二、课程内容

课程内容是课程体系的核心部分，是实现课程目标的重要载体。高校创新创业教育专业课程的内容主要包括研究方法、学科前沿、研讨类型、实践性、就业创业指导等方面。以下将主要对"创新创业教育通识课程"、"自强创业班课程"、"行业专家进创新创业课堂"等课程进行具体介绍。

（一）创新创业教育通识课程

如表3-1所示，创新创业教育通识课程中基础知识模块设有创新思维与方法、创业管理、创业管理与实践、大学生创业、创新与实践、商业伦理与道德、创业与法律7门课程，主要讲授有关创新创业活动的概念、意义、现状、规律、环境、精神、思维、方法、商业道德与法律等基础知识。创新思维与方法旨在培养学生的自主创新意识，激发学生的创业思维，增强学生的创造能力，让其更好地适应社会经济发展需要。课程内容涵盖发散思维训练、形象思维训练、换元思维训练、反向思维及收敛思维训练、思维动力的方式方法等。创业管理课程的内容主要是探讨和总结创业活动的一般规律，让学生识别、把握和控制创业商机，了解创业的成功条件和失败风险等。创业管理与实践强调学生能系统化、科学化地分析创业项目的细分市场、实施流程及绩效评估。其课程内容分为创业管理和创业实践两大板块，创业管理板块涉及创业的目的和环境、创业机会的识别、创业来源与资源分析、企业构建、价值创造以及互联网环境下的创业趋势等；创业实践板块涉及创业行业特点分析、创业实践项目流程设计与实施、创业企业成功和失败案例分析等。大学生创业课程内容主要是介绍与分析创业的概念与意义，解读社会对创业者的素质要求，指导学生进行自我分析和训练，通过分析当前宏观创业环境引导学生掌握微观创业环境，分析技巧并识别与评估创业商机，并教授商业计划书撰写规范以及融资的途径与技巧。创新与实践课程重点向学生传授发明方法和创意方法，内容包括创新激情培养、创新过程训练、创新方法选择与对比训练、专利申请模式借鉴与训练、创意方法与设计、灵感捕获实践训练、参赛项目选题训练等。商业伦理与道德课程内容涉及管理学、经济学、社会学、伦理学以及心理学等学科，主要向学生介绍商业伦理与企业道德，探讨企业在具体的职能活动中所涉及的商业伦理议题，研究企业履行商业伦理与社会责任的战略、方式以及所面临的问题。创业与法律主要是向学生介绍与创业有关的基本法律和创业中常用的基本法律法规，旨在全面提高学生的法律素养，提升创业力和就业力，课程内容涵盖公司法、劳动法、社会保障法、竞争法、电子商务法、知识产权法等。

表3-1　创新创业教育通识课程

课程模块	课程名称
基础知识模块	创新思维与方法、创业管理、创业管理与实践、大学生创业、创新与实践、商业伦理与道德、创业与法律
实践模块	创业论坛、创业领导力、创业营销、创业运营模拟、创业金融、创业导航
行业模块	创业中的互联网思维、互联网金融创业、IT 与互联网创业、互联网文化传媒创意产业的创业、文博技术与产品创新、文化遗产行业创新与创业、移动互联网与地理信息服务创业、文化创意产品设计、设计创新思维与方法、民间技艺的传承与创新、动漫微视频广告创意与制作、3D 技术与应用、医学生创业教育、生物医药产业化、护理创新与创业、医疗保健产业创业、大数据与信息社会、化学的今天与明天、量子世界探秘、生命科学导论、身边的材料学、现代能源、新型城市化建设热点分析、水利现代化、Inventor 产品设计及新标准、光科技在现代社会中的应用、多媒体技术与虚拟现实、互联网思维、遥感技术应用及发展、地球空间信息学理论与应用、数字媒体技术基础、脑科学与脑健康、信息素养与实践、机械手工作品设计与制作、创业项目管理、商务沟通与谈判、电子商务与新媒体营销、现代管理者技能与艺术、职业生涯规划与设计、消费者心理与营销策略、数字商务与创业、创业论坛、超导技术及应用、职业能力与素养训练、军事高新技术及其应用、影视作品创意与制作、广告设计创新思维与制作

实践模块设置包括创业论坛、创业领导力、创业营销、创业运营模拟、创业金融、创业导航 6 门课程，主要讲授创新创业活动中所涉及的商业知识、营销知识、运营知识、金融知识等专业知识，在教学中重视学生的模拟和实践。创业论坛课程内容分为三大板块，创业精神和创业型人格培养板块主要向学生

介绍创业史及企业家精神、商业伦理与道德、领导力提升和品格修炼、沟通的艺术和技巧等；创业知识和技能板块主要向学生介绍商业与创业机会识别、商业计划书撰写、创业团队建设和管理、企业融资渠道等；创业案例分析板块主要介绍一些文化传媒创意行业以及"互联网＋"创业案例等。创业领导力课程主要向学生教授创业领导力的基础知识、基本技能和能力，包括识别创业的意义和愿景、组建和领导团队、展现有效领导行为、掌握复杂和不确定环境、处理各种人际关系等。创业营销课程主要向学生介绍创业发展过程中市场发展的内在规律和本质，以及在互联网、大数据等新技术背景下进行新产品、新服务模式开发的基本方法和过程，为学生将来开展创业实践奠定基础。创业运营模拟课程以创业过程为主线，模拟创业实践管理的全过程，内容涵盖创业机会识别、资源整合、组建团队、撰写商业计划书、企业工商注册、融资、新企业创建、新企业运营管理等。创业金融主要向学生讲授创业金融的基本理论、创业融资的基本方式与程序、主要风险投资基金和创业资本退出等内容，以帮助学生树立金融意识，了解初创企业投融资的基本思路、方式，熟悉相关扶持政策，吸取成败经验教训。创业导航课程内容设计遵循实操性和针对性，既分享实务经验，又提供理论和规律指引，主要讲授各行业创业机会的识别以及创业过程中各个阶段需要关注的问题和环节。

行业模块有 47 门课程，主要讲授不同领域的专业技能和创业方向或机会，涉及的领域十分广泛。以学生选课人数较多的课程为例，互联网文化传媒创意产业的创业（以下简称"互联网文创"）涉及互联网和文化创意两个领域，课程分为两大板块。互联网文创的"智库"板块主要介绍互联网文创的政策、技术、市场背景、现状和互联网文创产业发展特点，以及主要创业技能与素养培训；互联网文创模拟实训板块是让学生以小组形式模拟文化传媒创意团队，并选择创业项目完成创业计划书和执行方案。文化遗产行业创新与创业属于文化遗产领域，课程按照"理论－实践－商业－实践"的思路，向学生讲授文化遗产行业的公共服务理论知识，介绍目前我国文化遗产行业的动态及外包服务需求，并模拟创业实践项目，培养学生创业的基本能力。移动互联网与地理信息服务创业涉及互联网、计算机、地理等多个领域，课程主要向学生介绍移动互联网与地球信息服务的创业方向，以及互联网、移动计算机、地理信息服务、空间定位与导航的相关知识、技术方法以及移动地理应用的开发技术，并指导学生进行创业项目方案设计。动漫微视频广告创意与制作涉及动漫产业和广告领域，教学内容包括动漫视觉传播、微动漫视频广告的剧本创作与导演、分镜头台本、视频拍摄、剪辑、后期特效与合成等。

（二）自强创业班课程

自强创业班的学习时限为两年，课程以创业流程为主线、创业实践为导向，如表3-2所示。创业精神模块设有3门课程，创业知识模块设有11门课程，这两个模块的课程内容与创新创业教育通识课程的基础知识模块和实践模块的课程内容大体一致，主要讲授与创新创业有关的基础知识和专业知识。创业实践模块设有7门课程，课程内容更加注重创业实践训练。创业项目设计贯穿四个学期，学生需要分组选择团队导师和创业项目的方向，完成创业项目初步设计，然后对创业计划书进行撰写、完善、定稿并启动实施，最后根据创业项目设计完成或模拟完成相关创业主体活动。在此期间，学校会根据学生创业项目设计的需要和方向，安排学生进入企业开展见习与实习，见习时间不少于两周，实习时间不少于四周。学校还会评估优秀的创业项目入驻大学生工程训练与创新实践中心、校园创意园进行孵化，并给予一定经费对其进行资助和推荐投资公司接洽，同时，组织和安排创业班的学生参加校级或校级以上的创业大赛。自强创业班的创业实践模块课程还有一门比较有特色的团队拓能训练课，这一课程将课堂从教室转移到操场，学生需要共同完成体育部教师设计的各项体育项目，在运动中学习，体会团队的力量以及相互协作的重要性。

表3-2 自强创业班课程

课程模块	课程名称
创业精神模块	创新思维与方法、商业伦理与社会责任、创业论坛
创业知识模块	创业机会开发与商业模式设计、新企业管理、新产品开发、创业领导力与团队管理、商业计划书撰写方法、创业营销、创业金融、项目管理、创业与法律、商务沟通、市场调研与分析方法
创业实践模块	创业运营模拟、创业见习、创业实习、团队拓能训练、创业项目设计、创业大赛项目、创业启动项目

（三）"行业专家进创新创业课堂"课程

课程内容涉及特定领域里的创业经历、创业案例、创业过程、技术方法、法律、金融等知识，教师均来自相关领域，有企业创始人、政府工作人员、律师、工程师、理财师、经济师、投资人、研发人员等，具体如表3-3所示。

表 3-3　"行业专家进创新创业课堂"课程

课程名称	课程内容
移动互联网与地理信息服务创业	空间位置服务创业案例分析 智能交通与位置服务创业案例分析
医学生创业教育	医学创业大需求与小技能 医学生创业能力培养 医学行业分析与创业选择
新产品开发	寻茶问道——服务业中的新产品开发 新产品开发中的知识产权保护
项目管理	创业法律风险及防范
文化遗产行业创新与创业	如何走上创业之路 博物馆价值与衍生产品构建 公共图书馆服务创新
民间技艺的传承与创新	汉绣艺术讲座 汉绣技艺实践
护理创新与创业	创业机会识别、创业过程及企业创办 创业过程与企业的成长
互联网文化传媒	网络直播：讲创业"好故事"到"讲好"创业故事
创意产业的创业	斗鱼直播：从创业筹备到成长壮大与大学生创业准备
互联网金融创业	互联网保险 大数据分析与经济金融 创业中的经营融资问题 与创业管理有关的几个问题
动漫微视频广告创意与制作	道法自然——中国水墨动画
创业运营模拟	商业模式在创业过程中的重要性 如何走上创业之路 青年创业中常见法律问题 中国企业国际化创新与陷阱
创业与法律	创业路上的知识产权合规 《中华人民共和国民法典》合同编基础知识及案例分析 创业者的法律修养 创业与法律的关系梳理 互联网金融的法律监管 创业中争议的解决

续　表

课程名称	课程内容
创业金融	创业企业财税金融实务 创业企业融资知与行 私募股权投资"募投管退" 用金融思维创业
创新思维与方法	创新思维与创业时间
3D 技术与应用	3D 数据获取技术、处理及软件操作时间 3D 建模操作实践 3D 动画制作操作实践

　　根据上述介绍，无论是创新创业教育通识课程，还是自强创业班课程，都是按照"模块化"的构想和编制原则来设计和安排课程内容的。"模块化"是指一个系统或完整的程序可以按照不同的功能分解为若干个具有一定独立性、完整性，同时又有一定联系的部分。"模块化"最大的优点在于灵活方便，每一个课程模块都有明确的课程目标和内容，同一模块的课程在内容上互相区别，有内在联系，又与其他模块发生横向联系，不同模块间的课程依次递进、有机衔接、相辅相成，各模块按照创新创业教育逻辑共同组建成具有更大目标的、一套完整的课程内容体系。创新创业教育课程内容还呈现出跨学科的特点，通过创业学院促进校内各部门资源、优质校友资源和社会资源的深度融合，打破了传统的商学院课程模式，不仅课程内容是跨学科的，参与学生也来自不同学部、不同专业，授课师资同样来自不同学科领域和产业领域。同时，创新创业教育通识课程融合了法律、金融、运营、管理、商业伦理、思维方法等多个领域的知识。相较于创业胜任力模型概括的 10 个大学生创业胜任力二级关键要素——创业动机、创业信心、创新精神、敬业精神、合作精神、社会责任感、机会把握能力、战略能力、团队领导能力、融资能力。可以说，创新创业教育课程涵盖了创新创业所需的方方面面的内容，呈现出综合化的特点。

　　目前，国内高校创新创业教育课程内容还存在较大差异，存在的问题主要有：课程的跨学科渗透欠缺，不能有效融合各学科资源、充分考虑不同学院和不同专业学生的知识基础和学习能力；不同学校在教学资源、教师队伍、平台建设等方面的条件限制，导致创新创业教育课程内容多重视理论知识的传授而缺乏实践环节；虽然大多数高校已经将创新创业教育纳入了学校人才培养方案，但是创新创业教育仍独立于学校常规教育之外，创新创业教育课程与专业课程脱节。对此，W大学完善的创新创业教育课程内容设置可作为一种参考，其从加强课程内容的综合性、系统性和融合性入手。综合性是指创新创业课程内容应该综合管理学、经济学、法学、心理学等一系列学科知识，这是由创新创业教育的跨学科性质所决定的，应该包括诸如思维方法、管理、金融、法律等在内的开展创新创业必须了解的基础知识，以及运营模拟、项目设计、创业大赛、企业见习、实习等将创新创业理论转化运用的实践类内容。系统性是指应该按照创新创业教育规律来架构各类创新创业教育课程内容，使各课程之间互相配合、互相衔接。融合性是指促进创新创业教育课程与专业课程融合，专业课程内容是学生知识结构的主要组成部分，是学生以后从事任何行业、任何职业的基石，创新创业教育课程内容涉及知识面广泛，专业知识储备充足是学习创新创业教育课程的基础。对此，开设专门的创新创业教育行业课程，在各专业人才培养方案中增设创新创业类课程，帮助学生了解本专业领域的创新创业知识和方法，介绍成功的经验和教训，可以使学生在未来的创新创业活动中更好地利用和发挥自己的专业优势，为创业奠定基础、指引方向。

三、课程实施

（一）课程实施策略

课程实施是指教学环节。当前课程实施策略主要有自上而下策略、自下而上策略和自中而上策略，这是美国课程专家麦克尼尔根据课程改革的不同水平提出的。课程实施策略更多强调实施主体的不同，自上而下策略强调以国家为中心的课程实施，自下而上策略强调的是职业院校教师以他们所关心的课程为中心和起点，自中而上策略是以高校为课程实施的基本单位。在具体实施过程中，选择哪种策略并没有固定的模式和标准。教育部规定的课程，都是经过一定时间的研究、实践和论证的，具有科学性和可行性。笔者认为教育部规定的创业基础课应采用自上而下策略，任课教师可以结合本校实际、自己的研究领域适当微调。

（二）课程实施保障

学术界对创新创业课程实施保障的概念界定主要分为两种。一种是按责任主体分，即将政府、社会、高校和个人等作为研究对象，创新创业课程的建设需要政府的政策扶持、社会的创业服务、高校的教育体系和个人的能力培养。另一种是按构成要素分，即资金、教务、服务、保障等，创新创业课程的建设需要政策资金支持、教育培训支持、服务保障支持。笔者认为这些外部支持系统都有利于课程建设和具体实施，课程实施保障主要包含以下三方面。

1. 规范化的教学管理

规范化的教学管理是课程实施的基础和保障。以美国为例，美国的社区学院有固定的创新指导和服务中心，为创新创业课程开设与管理提供了有力的保障。美国灵活的学制和学籍管理为有创新创业实践意向的学生提供了便利，其健全的学位制度和学科体系，为创新创业教育的学历认证、能力提升搭建了平台。

2. 多元化的师资队伍

教师是课程落地的实施者和践行者，适合课程的教师队伍是课程得以建立和蓬勃发展的引领者。以美国为例，美国社区学院对创新创业课程任课教师的要求非常高，既要有丰富的创业经验，又要有扎实的理论知识。教授创业教育理论的教师要有扎实的理论基础，他们多为创业教育方面的专家学者，对创业及创业教育有一定研究，能为学生提供创新创业所需的基础理论依据。教授活动课程的教师大多数都是成功的企业家，他们拥有丰富的创业经验和创业技能，在指导学生时可以根据经验提出有建设性的建议，也可以向学生分享自己的创业经历、案例和心得，帮助学生迅速掌握创业技能。

3. 全方位的支撑体系

课程的落地和效果的提升需要来自社会各界、学校高层的支持和保障。以美国为例，美国社区学院创新创业教育拥有全方位的支持体系，如创业教育的政策与资金、服务与保障、教育与培训等，具体说来就是对学生及社区成员提供小企业创立所需要的创业计划指导、创业者培训、公司申请程序简化、公司运营技术支持、风险保障机制等具有可操作性的创业方面的各种支持[①]。

四、课程评价

课程评价是指检查课程目标、组织实施过程是否按照既定方案来完成并达到既定目标，这是判断课程设计、组织实施效果和课程改进的依据。

（一）学业成绩评价

这部分是我们通常意义上的课程教学评价，主要评价学生对某门课程知识

---

① 吕杰杰.美国社区学院创业教育支持体系研究[D].重庆：西南大学，2017.

和技能的掌握程度，即课程考试考核方法。学业成绩评价是判断课程内容、课程有效性等方面的重要因素。国外高校在实践能力方面的考核较为灵活，他们大多结合课程实践教学的环节来进行，如创业模拟实践、创业路演等。国内高校对学生创新创业能力的考核主要集中在日常考勤、理论测试、实践能力考核这三个方面。近年不少高校在借鉴国外考核方式后对本校考核方式进行改革，并采用多元评价方式。清华大学、南开大学、江西财经大学、江苏大学四个国家级精品课程"创业管理"的教学实践强调在学习评价环节上以团队考核为主，采取多主体评价的模式①。

（二）教师工作评价

根据创新创业教育的特点，笔者认为高校教师应具备以下知识和能力。知识方面，任课教师需要具备开展教学所需的创新精神和创新知识，具备丰富的金融财务、人力资源、经营管理等课程知识。专业技能方面，教师应具有对授课内容的整合与把握能力、教学组织能力、指导学生开展创新创业实践能力、创新创业实操能力、创新能力等能力。因此，在教师评价方面，可以从随堂听课、指导学生开展创新创业实践成果、能力测试、学生评价等方面进行。

例如，美国有许多全国性的创业教育协会，对在当年创业教育领域工作具有突出贡献的团体和个人给予表彰，奖励在创业课程、教学方法上具有显著创新精神的团体或个人，这是对教师工作的肯定与嘉奖。英国大学对创业教育教师工作评价的方式有组织听课、理论考核和学生评价三种。这种评价方式较为专业，需要大量有创业经历的人员参与，我们可以逐步去尝试，对教师的理论考试、随堂听课等评价工作，我们也可以借鉴开展。

（三）实施过程评价

课程实施过程评价，主要包括课程是否符合时代背景、课程实施人员素养是否符合课程实施要求、课程实施过程对学生实际的考虑、课程实施过程是否接近既定方案等。创新创业课程依据教育部文件开设，这部分可以不用评价，但是具体到各院校，在师资队伍建设和课程内容设置方面可做专门评价。课程实施过程是一个系统评价，它包含课程实施范围选择、课程开发与管理、课程组织实施程序、课程实施过程等问题，这样的系统评价有利于为课程提供指导

---

① 许起祥.基于 CIPP 理论的高校创新创业教育课程评价研究 [D].上海：华东理工大学，2017.

和管理，提高课程组织和开设的效果。此外，各高校创业园的入园、孵化、出园等数据，毕业生就业数据库上有关创业学生的比例等，都可以作为该校创新创业课程系统评价的参考数据。2004 年，美国创业教育联盟发布《创业教育国家内容标准》，从十五个方面对创业教育方面人才标准做出了具体规定，这份创业教育内容标准体现了国家对创新创业教育的高度重视，也是高校进行创新创业课程体系建设需要涵盖的内容，更是美国课程建设的评价指标。

除了上述评价方式外，国家在宏观层面也通过一些活动对高校的创新创业教育进行评价，如评选 50 所全国创新创业典型高校、认定深化创新创业教育改革示范高校等，通过详细的指标体系来评比各院校在深化创新创业教育方面的措施和效果，这也是一种外部评价。

第二节　大学生创新创业教育课程的建设现状

经过十多年的发展，国内的创新创业教育课程已经在各级各类高等院校中普及。无论是体系建设、内容设置，还是学校的重视程度、学生的参与度等，都取得了长足发展。由于地域理念、不同类型高校传统和现实情况的差异，创新创业教育课程建设也面临着亟待解决的问题。

一、创新创业教育课程体系初步形成

高校高度重视创新创业教育工作，已经初步形成了创新创业教育课程体系。课程覆盖面广，学生自主创业率逐年增长。注重大学生创业意识、创业精神和创业能力的培养，形成了多样化的课程体系。积极探索融合，为培养高素质、高技能创业型人才提供了新模式。

（一）课程覆盖面广

由于高校对创新创业教育的高度重视，创新创业教育课程已经广泛开设。针对北京部分高校的一项调研结果显示：在对"本校是否开展创新创业教育"的回答中，70% 的学生选择"有"；在对"以何种形式开展"的回答中，43% 的学生选择"选修的创业课程"，22% 的学生选择"必修的创业课程"。据统计，有 90% 以上的浙江高校开设了不同形式的创新创业教育课程，其中 70% 左右的高校以选修课的形式进行教学。从研究型大学到高职高专类院校，都开设了创新创业教育课程,尤其是在面向全体学生的公共选修课中加入了创新创业教育模块,使更多学生有机会接受创新创业教育,培养创业意识。

在创新创业教育普及的背景下,很多学生走上了自主创业之路。麦可思研究院发布的中国大学生就业报告显示,大学生创业人数稳步增长,自主创业比例逐步上升。在创新创业教育日渐成熟的未来,大学生的自主创业比例将会大幅提高。

(二)课程体系多样

目前,国内部分高校已经形成了多样化的创新创业教育课程体系,大致可以分为三类:第一类是面向全体学生的创业通识课程,以培养学生的创业精神和创业意识为目的;第二类是以创业强化班和精英班为主的创业教育课程,以鼓励学生成为自主创业者为目的;第三类是由国际劳工组织设立的创业教育课程,如"大学生 KAB 创业基础"、"创办你的企业"等课程,以普及创业知识和技能为目的。上述课程体系在培养学生的创业意识、创业精神和创业能力等方面都已初见成效。

以浙江大学为例,在教务处正式注册的、列入教学培训计划的课程分博士、硕士和本科三层次七小类,如表3-4所示。

表3-4 浙江大学创业教育课程层次与类型

课程层次	类型	开课学院
本科	主修专业:创业管理	管理学院
	第二学位:创业管理	管理学院
	辅修专业:创新与创业管理	兰可桢学院
	全校公共选修课	全校范围
	MBA(工商管理)	管理学院
硕士	科学硕士	管理学院
博士	创业管理博士	管理学院

浙江大学在全校公共选修课体系中引入"大学生 KAB 创业基础"课程。该课程属于共青团中央、全国青联与国际劳工组织合作的 KAB 创业教育(中

国）项目，以国际劳工组织编写的英文教材为蓝本，是国际劳工组织为培养大中学生创业意识和创业能力而专门开发的课程体系。该课程教学内容分为 8 个模块，依次为：什么是企业、为什么要发扬创业精神、什么样的人能成为创业者、如何成为创业者、如何找到一个好的企业想法、如何组建一家企业、如何经营一家企业、如何准备商业计划书。教学时长为 36 个学时。

浙江大学党委学工部引入"创办你的企业"项目，该项目面向浙江大学全体全日制学生，学生只需经过面试选拔即可免费接受培训。"创办你的企业"是"创办和改善你的企业"系列培训教程的一个重要组成部分，由联合国国际劳工组织开发，是为有意愿开办自己的中小企业的人量身定制的培训项目。"创办你的企业"的培训课程总共分为两大部分：创业意识培训和创业计划培训。课程内容包括：将自己作为创业者来评价、为自己建立一个好的企业构思、评估自己的市场、企业人员组织、选择一种法律形态、法律环境和自身的责任、预测自己的启动资金、制订利润计划、判断自己的企业能否生存、开办企业。

在课程设置上，浙江大学的创业教育课程可分为创业知识类、创业能力类和实务操作类，如表3-5所示。

表3-5 浙江大学创业教育课程内容

课程类型	课程内容
创业知识类	管理学、经济学、会计学、财务管理、创业管理、市场营销、组织行为学、人力资源管理、创业融资与投资管理、创业风险管理、国际商务、企业法与知识产权管理、企业战略管理
创业能力类	管理沟通、新产品开发、项目管理、创业领导
实务操作类	商业计划书、创业竞赛、企业实习

（三）探索创业课程与专业课程融合

在培养学生的创业精神和创业意识的同时，将创业教育课程与专业课程进行有机融合是未来创业教育的发展趋势，也是创业教育走向更高水平的必然要求。

在专业教育中融合创业教育能及时反映本学科专业领域的前沿知识、相关交叉学科专业的前沿信息、相关行业与产业发展的前沿成果。创业课程与专业课程融合可以以创业活动为出发点，强化实践环节，全面深入地掌握专业技能，提供学生所需的与创业活动直接相关的专业技能。

　　国内高校已经开始了这方面的积极探索。例如，温州大学依托其创业人才培养创新实验区的优势，在服装设计、法学、汽车工程等专业探索创业教育课程与专业课程的融合。温州大学在推进创业教育的过程中，鼓励专业教师开设专业类创业教育选修课，现已经在经济学、国际经济与贸易、市场营销、财务管理等专业设置了"中小企业创业实务"、"温州企业家创业案例分析"等专业选修课。在汉语言文学、广告学、艺术设计、服装设计与工程、汽车服务工程、工程管理等专业分别开设"媒介经营与管理"、"鞋类产品市场营销"、"服装市场营销"、"服装企业管理"、"汽车营销学"、"汽车服务经营与管理"、"建筑企业管理"等专业选修课。

　　再如，温州职业技术学院针对温州独特的经济环境，专门开设"温州经济专题"、"创造学与创造思维"、"商品学知识"、"品牌专卖店管理"等与创业密切相关的课程，并组织编写了《创业指导读本》《温州创业史》《温州人精神读本》等特色创业教材，试图在专业教学中渗透创业知识，使学生具备创业必需的经济学知识、企业管理知识、文史知识、法律知识等，同时培养学生的创业意识。

二、创新创业教育课程实施效果欠佳

　　受到多种因素的影响，高校创新创业教育课程实施效果不佳，主要表现为课程体系的整合度不高、课程内容编排不够合理、教学方法有效性不足。

（一）课程体系的整合度不高

　　国内高校普遍存在创新创业教育课程体系整合度不高的问题。为了全面落实创新创业教育的方针政策，各高校开设了多种形式的创新创业教育课程，但是不同的课程隶属于不同的管理和实施主体，彼此间缺乏关联和整合，资源呈现条块分离，这些都造成了创新创业教育资源利用率较低、重复和浪费现象。

　　高校普遍存在多重管理主体的问题。创业教育强化课程一般是由管理学院和经济学院提供的，专业化创业教育课程隶属于不同的专业学院，"创办你的企业"等课程则由团委和学生处等单位负责，各类创业课程相互独立、分散实施，缺乏联动机制。例如，在对上海高校的调研中发现，创业教育挂靠学生处和团委的学校各占40%，挂靠产业处和相关专业（或学院）的学校各占10%，这会造成不必要的人力、物力浪费，同时也不利于统一管理和资源整合。导致这一现象的原因有很多，主要在于很多高校的创业教育实施是基于行政指令的，如果抱着完成教育部任务的心态来开设创业教育课程，属于"任务主导型"，就会缺乏内在的发展动力，创业教育不能成为学校的自发性需要。一些重点高校以追求"高精尖"的学术研究为导向，容易忽视创业教育，没有将其纳入人才培养的整体规划中。

（二）课程内容编排不够合理

课程内容作为课程实施的核心，其编排是否合理尤为重要。科学合理的教材是培养高素质创业人才的关键。绝大多数开设创业教育课程的高校都没有规范、权威的教材和教学内容标准。有的教材是对国外教材的翻译或简单移植，没有与中国实际相结合；有的教材是将零碎的创业活动实践进行简单整理，理论深度不够，缺乏合理性；也有少量结合当地和学校自身实际情况所开发的校本教材，但是缺乏科学论证，大多只是简单的拼凑。这些教材不能很好地展示创业教育的理论深度和实践发展，不具备指导意义。

在对北京市部分高校的调研中，针对"创业教育有无专用教材"的回答，38%的学生选择"没有专用教材"，23%的学生选择"有引进教材"，21%的学生选择"有自编讲义"，18%的学生选择"有自编教材"。在对浙江省高职高专类创业教育教材调查中，在教师卷中，当被问及"贵校（院系）有无创业教育专用的教材"时，41.2%的教师选择"引进普通高校教材"，35.2%的教师选择"自编教材或讲义"，23.6%的教师选择"无专用教材"。这些数据表明，目前高校的创业教育教材参差不齐、缺乏理论合理性、没有形成针对不同类型高校的教材体系。当然，这一现象的存在是因为中国创业教育整体发展还不够成熟，同时也与中国创业教育师资匮乏密切相关。

（三）教学方法有效性不足

作为实施创业教育的手段，教学方法也非常重要，而在实施创业教育的高校中，普遍存在教学方法单一、实践性和有效性差等问题。高校中的通识类创业教育教学大都以讲授法为主，每学期安排 1～2 次实地参观（科技园、公司企业等）。在专业类创业教育教学或创业强化班中，其安排的活动以讲授创业理论知识为主，辅以专家讲座、实习参观等活动。这些方法都以理论知识的传授为主，与传统经济学院、商学院教学方法并无差异，缺少实践操作类的教学方法。如果以项目为中心的教学方法不能很好体现创业教育的专业特色，就更谈不上创业教育教学应具有的针对性。在浙江省大学生创业教育现状的调查中，当被问及"所参加过的创业活动类型"这一问题时，68.9%的学生选择"创业成功人士报告"，50%的学生选择"教授讲课"，23.9%的学生选择"实际技能培训"，19.4%的学生选择"参与创业计划大赛"。这表明大学生创业教育以讲座和讲授形式为主，较少进行创业实际技能培训。

在对浙江省各类高校的师生进行访谈时可以发现，教师大多认为高校将理论知识的学习作为基础，同时辅以经验交流、实践锻炼等方法，从而使学生能够学以致用、用理论联系实际，而学生对创业理论知识的兴趣并不大，更喜欢实践导向、动手为主、创业过程模拟分析等方法，希望亲自参与创业实践、获得创业体验和经验。

第三节　国外创新创业教育课程体系经验借鉴

美国是最早开设创业课程、开展创业教育且取得成功的国家之一。美国的社区学院是美国教育体系的重要组成部分，提供两年制的初级高等教育。与中国的专科制度不同，社区学院的主要课程与美国四年制大学的前两年课程基本相同，而有很多社区学院的毕业生能够直接申请到名校的三年级入学资格，学分照算，所以美国很多本土学生会放弃直接进入四年制大学的机会而先进入社区学院就读两年时间，另一部分毕业生以他们学以致用的知识和技能直接进入工作岗位[①]。它们与我国高等职业教育的职能部门相似，同属于《国际教育标准分类》高等教育5B的类型。美国社区学院的创业教育始于20世纪70年代早期，从最初设立一门或几门创业课程到创立种类多样的创业学位项目和证书项目，如今已发展得相当完备。本节以美国社区学院为例，着重介绍其创业课程的类型、内容构成、运行方式并总结经验，为我国创业课程体系的完善和改进提供借鉴。

一、美国社区学院创业课程类型和内容构成

美国社区学院的创业教育分为两种，一种为学分制，一种为非学分制。学分制创业教育一般为正规教育体系的全日制学生提供创业课程，学生修满规定学分后，可以获得创业学副学士学位或证书。非学分制教育的对象一般为小企业主、社区民众或继续教育人员等，课程多以研讨会、系列讲座、辅导班或网

[①] 沈陆娟.美国社区学院创业教育研究[M].北京：知识产权出版社，2014：44.

上教学等形式呈现，这里主要介绍学分制创业教育课程。

学分制创业教育项目主要包括学位项目、证书项目以及由三门以上课程形成的课程模块三种形式。各个学院由于自身特点、学科设置、服务对象的不同，创业教育项目和课程形式也各具特色、类型各异，但基本都遵循蒂蒙斯提出的创业教育课程设计的整合理念，将理论课程和实践课程整合，创业课程和专业课程整合，跨学科讲授创业知识，主要通过通识课程、学科课程和活动课程等形式来实施，同时也十分注重校园创业文化和创业制度等隐性课程的建设。

通识课程旨在使学生掌握一系列对所有领域来说都必需的技能（如读写能力、计算机能力等），以及帮助学生整合不同领域的知识，对其进行广泛的智力训练。创业教育被认为是一种理想的通识教育内容[1]。部分社区学院将创业通识课程融合在专业教学之中，进行全校性的创业教育通识课程教授。也有的社区学院创立学位项目和证书项目，将通识课程作为入门课程贯穿于整个创业课程体系中。目前，小企业管理、创业入门、创业心态、英语写作和商业数学等是各社区学院主要开设的学分式创业教育通识课程。

创业教育学科课程是根据创业教育的目标和任务要求，结合学科特色将创业知识和内容系统地融合于学科课程的教学内容之中，与其同步进行，使学生系统地掌握创业的基本理论知识和技能。它具有针对性强的教学目标、系统的课程编排内容、灵活多样的授课形式、固定的课时设定等特点，根据社区学院各个院系开设专业的特点和学院特色，设立与专业课程融通契合的针对性强的创业课程，有利于学生掌握系统的创业理论知识，并与学生们本学科所学的知识体系相连，保证所传授创业知识的系统性、连续性和完整性。社区学院的创业教育课程可以是创业项目独立的创业必修课和选修课，也可以是单独的一门或多门学科课程。创业教育副学士学位项目和证书项目都要求学生必须修满相关的必修课学分，并且课程不是一成不变的，而是根据外部经济状况、市场需求、学生需要等不断变化调整。以堪萨斯州的约翰逊县社区学院为例，该学院以灵敏的眼光捕捉到直销零售业的潜力和发展前景，2012年在学院创业中心开设的12门创业方向的必修课中新设"直销原理"和"创业心态"两门课程。该学院开设的创业必修课主要有创业学、管理学方面的课程等，如表3-6所示。

---

[1] 梅伟惠.美国高校创业教育研究[M].浙江：浙江教育出版社，2010：125.

表 3-6 约翰逊县社区学院主要创业课程

课程代码	课程名称	学分
ENTR130	创业心态	3
ENTR180	机会识别	2
ENTR131	小企业财务管理	2
ENTR220	创业营销	2
ENTR225	家族企业	3
ENTR210	创业实习1	1
ENTR120	创业入门	2
ENTR142	Fast Track商业计划	3
ENTR160	小企业法律问题	2
ENTR195	特许经营	3
ENTR185	直销原理	3
ENTR215	创业实习2	1

创业选修课一般采取全校性开展推广的形式，不只向申请学位项目和证书项目的学生开放，其他专业、有创业意识和对创业感兴趣的学生、社区成员也可以学习。选修课是必修课的拓展及补充，可以全面培养学生的人文素养和商业思维方式，提升学生的计算机能力、读写能力和商业运营能力等。约翰逊县社区学院的选修课程一般都在第二年开设，学生需要修满 12 学分的历史及计算机基本应用等课程才可以进行。

活动课程是与强调理论知识学习的学科课程完全不同的另一种课程类型。它不同于学科课程以教师和课本为主的教授方式，而更注重学生的主动参与和体验学习。活动课程更多地体现了泰勒原理和杜威"从做中学"的教学原则，以学生为课堂学习的中心和出发点，注重学生已有的经验，让学生在实践活动的学习中完成经验的改造和重组。社区学院的活动课程以实践为导向，以学生为出发点，强调实践演练和实际操作，为学生提供更加真实的创业平台，如科技园、商业孵化器等，使学生在真实的创业环境和平台中获得切实的创业体验和感受，提升创业能力。美国社区学院的活动课程由学院内部的创业活动和学院外延拓展项目两部分组成。学院内部创业活动丰富多样，既包括嘉宾演讲、辅导班等碎片化知识探索学习的活动，也包括商业计划大赛、体验式"促销"活动、创业夏令营等体验式的创业活动，为学生提供机会，让他们将学习的创业理论知识学以致用，付诸实践。外延拓展项目是学院创业中心或其他非政府组织开设和资助的，主要面向社区民众和企业人员，也有专门为学院学生提供创办和运营公司指导的学生企业孵化器，为创业者的深造和学生创意创业的实现提供场所和设施。美国社区学院的主要创业活动项目如表 3-7 所示。

表 3-7　美国社区学院的主要创业活动项目

序号	学院内部项目	外延拓展项目
1	商业计划大赛	研讨会
2	实习	讲座
3	学生俱乐部	资助
4	远程学习	劳动力发展培训
5	K-12年级创业教育	视频/音频会议
6	风险资本投资	创业名人堂
7	模拟创办企业活动	科技园/商业孵化器
8	体验式"促销"活动	学生企业孵化器（创办企业）
9	创业考察	家族企业
10	创业夏令营	Fast Track项目

此外，某些社区学院开设混合项目，学分制学生和非学分制学生可以混合入学，而且有些课程的面向人群广泛，在校全日制学生、想深造的企业主和社区人员都可以选修学习，这样的模式有利于学生与有实战经验的企业主进行面对面的经验交流沟通。这在无形之中可以影响学生的创业思维和创业素质，可以被称为隐藏在学校的隐性课程，它也是创业课程的一部分。这种课程的特点是具有间接性、内隐性，会在有意无意间影响学生的创业情感和价值观。社区学院创业中心设立的实习基地、科技园、商业孵化器等硬件设备和校园创业制度等软性制度，都可以说是创业课程中的隐性部分。

二、美国社区学院创业课程类型运行

社区学院课程设计的目的是向学生传递创业知识，这就不得不涉及教学实践形式和教与学方式的问题。各个学院由于自身创业教育开展的专业领域、特点和程度不同，采取的创业教学实践方式也有差异，不过理论知识的讲授和获得都是其中最基础最重要的部分。因此，采用必修课和选修课形式运行是其重要支撑。以创业教育开展最成功的约翰逊县社区学院为例，其开发的"企业创业学应用科学副学士学位"的课程，既涉及创业入门、商业数学和英语写作等通识课程，也涉及上文提到的创业学、商业学、会计学、市场营销等专业性很强的必修课程，还包括培养学生人文素养和基本能力的历史、计算机等方面的选修课程。课程体系设计系统完整、涵盖面广，课程安排顺序合理、讲究，以两学年四学期交互穿插的形式进行。第一学年主要为必修课，第一学期以创业入门、创业心态、商业数学和英语写作等基础的通识课程的讲授为主，使学生掌握基本的创业基础理论知识，对创业有基本的了解和意识。在此基础上进行专业性较强的系统的专业创业知识的讲授，课程主要包括创业学（机会分析、小企业财务管理、小企业法律问题、创业营销等）、会计学（基础会计、中级财务会计、高级财务会计、管理会计、审计学、公司财务、会计信息系统、会计职业道德）、商业学（商业专业技能、企业沟通、人际关系）等，学生可以通过这些课程掌握专业的创业理论知识，提升创业素养和创业能力。第二学年引入选修课程，美国社区学院的选修课程有一个特点，即在全校范围内深入开展选修课程，不管是商学院还是其他院系的学生，申请创业学位项目的或没申请的，包括想深造人员和社区成员，都可以修习创业中心设立的选修课程。根据约翰逊县社区学院企业创业学应用科学副学士学位项目的要求，学生必须修满12学分的历史和计算机基本能力方面的选修课程，才能进行学位所含课程，这些课程如表3-8所示。

表3-8 约翰逊县社区学院企业创业学应用科学副学士学位所含课程

学期	类别	课程代码	课程名称	学分	备注
1	创业学	ENTR120	创业入门	2	–
		ENTR130	创业心态	3	–
	英语	ENGL121	写作1	3	–
	数学	MATH120	商业数学或更高级别	3	–
	–	SPD120	人际沟通	3	–
	–	–	健康/体育教育选修课	1	–
	–	–	合计	15	–

学期	类别	课程代码	课程名称	学分	备注
2	创业学	ENTR180	机会分析	2	–
		ENTR210	创业实习 1	1	–
	市场营销	MKT134	专业营销	3	–
		MKT230	市场营销	3	–
		MKT220	消费者行为	3	–
	会计学	ACCT111	小企业会计	3	两者选其一
		ACCT121	会计 1	3	
	商业学	BUS175	商业专业技能	3	–
			合计	18	–
3	创业学	ENTR131	小企业财务管理	2	–
		ENTR160	小企业法律问题	2	–
		ENTR225	家族企业	3	三者选其一
		ENTR195	特许经营	3	
		ENTR185	直销原理	3	
		ENTR215	创业实习 2	1	
	商业学	BUS150	企业沟通	3	–
		BUS225	人际关系	3	–
	市场营销	MKT205	网络营销	3	–
			合计	17	–
4	创业学	ENTR220	创业营销	2	两者选其一
		ENTR142	Fast Track 商业计划	3	
	经济学	ECON132	经济调查	3	三者选其一
		ECON230	经济 1	3	
		ECON231	经济 2	3	
	历史	HIST141	1877 年以来的美国历史	3	–
		CIS124	计算机概念和应用简介	3	两者选其一
			CPCA/CDTP 选修课	1	
				4	
			合计	15	–
			整个计划学时	65	

　　创业课程通过教师传递给学生，教师教的方式和学生学的方式在这个过程中尤为重要。教师的教，既有以讲授为主的传统方式，也有情境模拟、活动场景、角色扮演等互动教学模式。虽然理论知识学习的特点决定了教师更多以讲授的方法传达给学生，如课程内容讲授、案例研究、讲座等，但教师也越来越注重讲授形式和对新型网络工具的运用，如用计算机辅助的现场教学和远程教学越来越受到重视，也十分注重学生对于课程的参与度，鼓励学生讨论、互动、思考，调动学生获取知识的积极性和内化力。此外，社区学院和非政府组织开发了一系列网上创业课程，使得网上学习也成为学生和创业者学习创业课程的新途径。活动课程注重实践，注重学生的主动参与和经验获得，教学方式多以情景模拟、角色扮演、小组活动、游戏等方式呈现，为学生提供真实的场所和环境，鼓励学生将已学的创业理论知识运用到实际操作中，训练学生的创业技能，让他们将创业经验内化为解决现实创业问题的能力。这种体验式学习模式有利于学生在活动参与中获得感性体验和理性知识的统一，体现了泰勒原理和杜威"从做中学"的教学原则，教学效果比较理想。

三、美国社区学院创业课程经验借鉴

（一）完整系统的创业课程体系

　　社区学院有种类丰富的创业教育项目和课程，既有以学位项目和证书项目为主的系统的学分制创业课程，也有以零散的创业课程模块和技能培训为主的非学分创业课程。

　　无论是商学院学生、其他各个院系学生，还是继续教育人员、社区民众，都有机会和途径从社区学院获得创业知识和技能的训练。社区学院正试图将创业学作为一门独立学科发展，现阶段以创业教育学位项目和证书项目为主的创业课程开发和设计已形成比较科学系统的体系。正如上文所提到的，创业课程安排既包含创业入门、英语写作等通识课程以及在全校范围内深入开展的创业选修基础课程，也包含专业的创业学、管理学、商业学等必修课程，还有商业计划大赛、创业实习等实践活动课程。非政府组织和学院提供的各种商业援助项目如商业孵化器、科技园、创业实践基地等作为创业课程的隐性部分能够潜移默化地影响学生的创业意识和创业思维。理论课程与实践课程相结合、在日常的专业教学内容中融入创业课程、跨学科讲授创业知识等特点，都为创业教育课程的顺利开展和预期教学效果的获得提供了保障。

（二）体验式学习、注重实践演练的教授方式

社区学院创业课程的教授方式不拘泥于单一形式，而是采用传统教学方式和互动教学方式穿插使用的方法。互动教学方式有别于传统教学方式，教师不是一味地对学生进行灌输，而更多注重学生的参与度，鼓励学生进行讨论、互动和思考，充分调动学生获取创业知识的积极性和内化力。例如，在进行案例分析时，让学生进行小组讨论，通过探讨激发思考，产生观点，然后教师再对所涉内容、范围进行讲授。创业教育能力本位、注重实践的特点，决定了实践操作和活动参与的重要性。美国社区学院创业方向的副学士学位与四年制学院和大学相比，一个明显的差异就在于其创业学或小企业管理学项目的学术课程有限，更注重实践演练。活动课程的呈现方式主要有商业计划大赛、创业实习、创业夏令营、商业孵化器和学生企业孵化器等，它以学生为教学活动的中心和出发点，为学生提供尽可能真实的创业实践场所和场景。拥有丰富实战经验的教师将理论与实践结合教学，通过灵活多样的授课方式，使学生在活动参与和互动讨论中愉快生动地收获创业知识和技能。学生通过实习训练切实地感知和参与创业过程，真实地体验创业活动的各个环节，在体验中获取创业经验和技能，并磨练运营企业所需的组织管理能力、风险承担与化解能力、解决问题的能力等各种能力。这种以学生为主体的体验式学习方式，切实贯彻了杜威"从做中学"的教学原则。

（三）创业课程开发和运行强有力的支持体系

社区学院与政府部门、企业、非政府组织以及区域内其他高等教育机构等形成了紧密相连、多方互动的创业网络合作关系，为创业项目和课程的开发及运行提供了强有力的资源支持和保障。美国教育部推出"生涯和技术教育"、"中学后教育改善基金"等项目，关注生涯和技术教育（社区学院教育内容），从宏观指导性的纲领、政策、项目等方面来引导社区学院教育教学内容的走向和具体实施，从中观上提供项目经费帮助创业项目运行，从微观上将经济、市场、行业等渗透于课程中，并负责制定课程标准和内容。美国农业部、商业部、劳工部等也推出与其领域相关的创业项目并对它们进行指导，提供经费资助，开展创业服务。

校企合作是现代教育的一大显著特点，企业在创业教育项目及课程开设方面的重要性不言而喻。创业课程中的活动课程部分，如嘉宾演讲、研讨会、讲座等，一般都是社区学院邀请企业家与学生进行面对面的交流或授课，通过与

学生分享他们自身的创业实践经历，在潜移默化中影响学生的创业意识和创业观念。例如，很多与学院合作的企业家和企业管理人员曾被邀请作为兼职教授给学生讲授创业课程，并对他们的创业活动进行具体指导。此外，社区学院的商业计划大赛、商业孵化器项目及创业实习等也离不开与企业的互动合作；参与商业计划大赛学生的商业计划书需要有实际创业经验的企业人员的把关指导，商业计划大赛的奖金部分由企业赞助。商业孵化器需要寻求企业入驻校园，对其提供场地设备和运行资金。企业支持学院创业教育的最直观的体现在于为学生提供创业实习的机会，学生可以在企业的创业实习基地、学院的科技园公司或公司本部实习，在真实的环境里体验创业过程，巩固创业知识，获取创业经验，提升创业素质和能力。甚至有的企业家和管理人员直接参与社区学院创业课程内容的开发和设置。

美国非政府组织机构在创业教育项目及课程开发和设计中也发挥着不可小觑的作用。美国比较有名的非营利性创业教育机构有创业教育联盟、创业教学网络、考夫曼基金会、科尔曼基金会及美国社区学院创业协会等，它们在向社区学院提供创业教育资金支持、发起和推广创业教育项目、提供丰富的创业教育网络资源、推进创业教育课程革新和教学改革等方面都发挥着重要作用。以考夫曼基金会为例，2003 年其推出混合学习计划，提供经费资助约翰逊县社区学院进行创业课程教学改革，将学分制全日制学生和继续教育等非学分制学生混合编入教学班进行授课，便于在校学生与有创业实战经验的企业主交流经验，获取企业经验和知识。此外，该计划还深入开展创业心态课程，将其作为创业通识课程在社区学院进行推广，并提供教材。社区学院也寻求与区域内其他高等教育机构的合作，分享、交流创业教育经验，实现创业项目、课程资源共享，借鉴大学更加完善的创业教育课程体系、课程内容、教学教材、教学方法等。

（四）专兼职结合的创业教育师资队伍

美国社区学院十分重视创业教育师资队伍的建设，尤其重视教师的专业培训和选拔。专兼职结合的创业教师队伍是美国社区学院学分制创业师资结构的一大特点。一般来讲，社区学院的全职教师由商学院、经济管理学院等院系的教师担任，除此之外，学院还广泛聘请兼职教师来教授部分创业课程，这些教师一般都拥有开创企业的经历。社区学院教师擅长理论与实践结合教学，关注学生的体验感受，在创业教育方式上通常采用经验式的引导法进行课堂教学，教学规模较小、授课环境舒适、案例讲解透彻。同时，他们注重运用现代信息技术手段，将课堂理论教学和课外网上教学相结合，制定的评价指标体系科学、清晰，便于评价学生或学生自评。这些社区学院教师因此成为社区学院创业知识和技能的传播者。

（五）丰富多样的网络课程资源

美国是一个网络系统应用发达、网络资源丰富的国家，网络对于美国经济、教育、生活的影响力很显著，美国社区学院拥有丰富多样的网络课程资源供学生选择和学习。首先，学院自身注重对创业网络资源和课程的开发，支持教师自行开发设置创业模块课程与学生进行网络互动学习，在争取企业支持、整合校企资源方面也不遗余力，通过与企业联合开发优质创业课程资源，争取企业在人力、财力和技术等方面的支持。双方共赢互惠，在加深与企业的连接和深度合作的同时，也将适合学生的专业且融入创业理念的优质课程资源带进校园，传授给学生。学院还与各利益相关者达成共识，建立合作互动的亲密合作伙伴关系，如非政府组织、行业和企业、教育机构、金融机构等，共同开发虚拟商业孵化器网络合作项目，为学生提供技术指导和资金等方面的帮助，培养学生认识、掌握、利用新技术的能力，提高学生创业成功的概率，并且部分社区学院通过得天独厚的网络优势和网络化的支援体系，有效推动和影响了创业课程的全校化推广进程。

其次，非政府组织也投入资金和精力关注创业网络课程的开发，如考夫曼基金会开发的"冰殿创业项目"，它是一个革新性的网上创业学习计划，旨在激励参与者充分了解创业心态的基本概念和它提供的无限商机。它是一项高度互动的项目，结合传统讲授形式和视频访谈，并进行现代企业家在逆境中获得成功的案例研究，使学习者从世界成功企业家那里获得第一手的经验。此外，联邦政府和州政府在政策和资金上支持社区学院创业课程的开发和本地网络的建设，为创业网络资源的开发和创业教育的发展提供了良好的社会环境氛围。

美国社区学院丰富发达的网络资源系统建设还体现在各组织机构以社区学院为依托联合开发的网络合作项目中，如布劳沃德学院、斯普林菲尔德学院等都有此类服务项目。在这些项目中，创业导师利用网络对某些学生进行授课或面对面的课程指导，甚至针对个别学生的疑难问题进行一对一的讲解，还利用互联网便利的特点，打破时空的限制，组织学生开展网络研讨会或商业讲习班等。下载免费的网络资源，为学生提供商业模板、工具，讲授创业技能。来自各行各业的创业导师基于自身实践经历和经验通过网络与学生分享其专业领域的创业知识和创业经历。这些网络培训和教学项目成为传播创业知识的重要途径。发达纵横的创业网络建设使得全美1132所无论所处地域是农村、郊区还是城市的社区学院都能够与外部组织和学院进行顺畅的沟通合作，实现创业课程资源的共享、得到技术支持和各种资助，切实将创业教育落到实处。此外，在科尔曼基金会、考夫曼基金会等非政府组织机构的大力支持下，美国形成了覆盖面广、受益面大的网络体系。方便快捷的网络创业体系成为学生和参与者获取创业资源信息、学习创业知识的重要途径，也作为学生专业课程的补充和拓展使学生巩固和扩充自己的知识理论，获取学习的主动性。

第四节　"互联网＋"思维嵌入创新创业课程建设

一、"互联网＋"时代高校创新创业课程建设的必要性

从1997年清华大学首次提出高校创新创业教育概念并举办"创业计划大赛"以来，我国高校创新创业教育飞跃发展，党和国家也相继出台了一系列政策。2012年，教育部办公厅下达《普通本科学校创业教育教学基本要求（试行）》的通知，第一次对高校创业教育课程学分设置、教育内容等方面做了较为详细的规定。党的十九大报告明确指出"加快建设创新型国家"，可以看出创新创业教育已成为新时代高等教育转型升级的必然趋势。"互联网＋"时代创新创业教育课程体系建设就是顺应创新型国家建设的必然要求而开展的。作为创新创业教育的实践场所和创新思维、创意人才培育区的高校，它所具有的创业教育实践的基础、空间的建设，对于推动创新创业人才培养，促进知识创造与传播在区域经济发展中具有重要的意义。"互联网＋"时代，高校大学生需要掌握更加丰富的理论与实践知识。众创空间下的运行模式具有多种多样性，常见的如"创客咖啡、创客空间、创新孵化器"等，这些都需要参与人掌握科学、技术、工程学等综合性的知识体系，这对高校大学生的发展及个人素质提出了更高的要求。这也是"互联网＋"时代开展创新创业教育区别于传统教育的基本特征。

高校人才培养与市场对专业人才的需求这二者之间总是存在相对时间差，

这就倒逼高校思考人才培养方式的转型升级。"互联网＋"时代的到来，更是加快了高校创新创业教育改革的步伐。随着社会经济的迅速发展，具有创业想法与创业动机的高校大学生的数量明显呈现出递增趋向，但创业成功率并没有与此成正比。在此情况下，高校通过各类创新创业教育政策支持、专业指导、实验室等资源开展教育实践将会在很大程度上提高大学生创新创业的成效。

高校进行创新创业课程建设，已逐渐成为落实"创新型国家建设"重要战略的必然要求。如何引导高校在中国特色社会主义新时代构建科学的创新创业教育课程体系，培养出一批具有国际水平的战略科技人才，是当前我国高校创新创业教育重点关注的问题。

二、"互联网＋"思维促进创新创业教育课程建设提质增效

发挥"互联网＋"思维在高校创新创业教育课程建设中的作用，有利于培育高校创新创业教育生态系统，挖掘创新创业教育潜力和优势，完善创新创业教育课程体系和创新创业教学模式，形成推动高校创新创业教育发展的新动能，为创新创业教育课程建设提质增效。

第一，"互联网＋"思维具有包容性和开放性。基于大数据、物联网、云计算的互联网是一个实时交互的开放系统，包括人与人、人与机器之间的交互以及多个终端的交互。互联网的基本功能是实时"互动"，教师与教师、教师与学生之间可以实现实时联网、各取所需、实时互动，课程内容和信息的传递、获取比以往任何时候都更为方便快捷。当今世界，各国的竞争核心是人才的竞争，谁拥有顶尖的创新创业型人才，谁就能占领未来发展的制高点。2002年，教育部在清华大学、上海交通大学等9所高校试行创新创业教育，随后各地高校陆续开展创新创业教育，并相继开发了一些创新创业教育课程，建立了创客空间和创业孵化园。不过，各高校的创新创业教育相对独立封闭，创新创业教育课程资源仅对校内学生开放，课程建设相对滞后。将"互联网＋"思维嵌入高校创新创业教育课程体系，有利于建设开放、循环、包容的创新创业教育生态系统。

第二，"互联网＋"思维具有科学性和预测性。互联网时代，运用大数据、云计算对用户进行分析预测可以及时发现运营问题，防范和规避风险，提升用户体验和满意度。互联网让教师和学生都有机会传递心声，都有渠道参与创新创业教育课程的开发建设。将"互联网＋"思维嵌入高校创新创业教育课程体

系，可以收集全国高校创新创业教育大数据，分析查找创新创业教育存在的问题和学生的现实需求，通过数据挖掘预测创新创业教育课程的发展路径和育人功能，提升创新创业教育课程顶层设计的科学性，为优化创新创业教育课程体系提供参考，实现创新创业教育课程的育人效果，提高学生的满意度和获得感，提升创新创业教育的实效性，实现创新创业教育"一切为了学生，为了一切学生"的初心和使命。

第三，"互联网+"思维具有战略性和穿透性。"互联网+"思维是内在思考方式和外在技术变革的有机结合。"互联网+"行动计划并不是简单地植入某个行业和领域，而是与之正向接轨并能迸发出新的活力。"互联网+"的优势在于现实和虚拟相结合、线下和线上相联动、内在和外在相连接、碎片化和整体性相统一。我国高校创新创业教育一直面临难以突破的瓶颈，创业成功率在低位徘徊，运用高科技成果进行创新创业的比例也不高。"互联网+"思维嵌入高校创新创业教育课程建设，核心任务是将创新创业教育课程建设当作长期的基础性工作，因而高校要立足创新创业教育的初心，构建推动"互联网+"思维嵌入创新创业教育课程的机制，增加创新创业教育课程建设的资金投入和资源配置力度，利用互联网技术加强高校之间的合作，建立共建、共享、共赢的创新创业教育课程信息平台，不断提升创新创业教育课程质量，提升学生的获得感和满意度。

三、"互联网+"思维嵌入创新创业教育课程的策略

（一）提高站位，更新创新创业教育课程建设理念

创新创业是民族之魂、发展之基，是新时代的主题。高校要高度重视创新创业教育，主动服务于国家创新驱动发展战略，不断深化教育教学改革，源源不断地培养大批创新创业型人才。要想将创新创业教育的理念转化为育人的力量，就必须通过有效的课程载体来实现。创新创业教育课程注重理论性，同时更强调实践性，传统的课堂教学方式是以教师为中心开展的，明显不适用于创新创业教育课程。"互联网+"思维的核心就是创新，应坚持以问题为导向，以创新的教学理念和教育方式嵌入创新创业教育课程建设，牢固树立以学生为中心的教育理念，实现"四个高度融合"，即创新创业教育课程与思想政治教育高度融合、创新创业教育课程与专业教育课程高度融合、创新创业教育课程与高校产学研成果高度融合、创新创业教育课程与社会经济发展需求高度

融合。

（二）整合资源，建立开放共享的创新创业教育课程资源

我国高校创新创业教育起步较晚，各高校之间的教学资源、师资队伍、课程建设、实践平台等差异较大，"互联网＋"思维要求我们将创新创业教育融入学科专业建设之中，融入人才培养全过程，充分利用互联网技术，整合全国高校优质创新创业教育课程资源和教学实践平台，让创新创业教育时时有指导、处处有服务。从高校的角度分析，应及时开发创新创业教育课程内容，加强创新创业教育师资力量，改革传统教学方法。从学生的角度分析，应善于利用手机等移动互联设备，随时随地寻找优质的学习资源，实现碎片化学习和整体性学习相统一。从课程建设角度看，可利用大数据、云计算分析创新创业教育中存在的问题，如课程资源、教学模式、实践平台等方面的问题，探寻创新创业教育课程改革路径，孕育创新创业文化，加大创新创业师资力量建设，促进创新创业教育可持续发展。通过互联网技术，还可以进一步整合政府、社会、企业孵化器、高新技术产业园等资源，实现政、产、学、研协同创新，为高校创新创业教育和国家创新驱动发展战略助力。

（三）尊重规律，构建递进式的创新创业教育课程模块

将"互联网＋"思维嵌入创新创业教育课程体系建设的方式有很多，如可以运用大数据精准分析课程体系及模块与学生现实需求的契合度。创新创业教育课程模块设置应包括创新创业思想政治教育、创新精神培养、创新创业机会识别、法律基础、企业管理、财务知识、模拟创业和创新实践等。创新创业教育课程模块必须遵循有序推进的教育规律，形成递进式的创新创业教育课程体系。第一个层次是创新创业基础课程，教育对象是全体学生，重点培养大学生正确的创业观和创新创业意识，激发大学生的创新创业潜能和动力。第二个层次是创新创业提升类课程，面向有一定创新创业意愿和潜质的学生，目的是提高大学生创业知识、创业技巧和创业技能。第三个层次是创新创业实践类课程，强化理论与实践有机结合，目的是培养大学生的创新创业能力和实践能力。第四个层次是创新创业项目类课程，以创业实战项目为依托，为大学生提供模拟的创新创业环境，对其进行一对一的指导和培育，有针对性地强化大学生创新创业项目的实施过程训练。另外，本科生和研究生的创新创业教育课程体系要有所区别，研究生的创新创业教育课程更注重引导学科专业创新和前沿技术创新。

104

（四）互动连接，推动创新创业教育课程提质增效

借由互联网，可以把全国所有高校的创新创业教育课程连接起来，形成庞大的创新创业教育生态系统，通过课前课后、线上线下、校内校外的师生互动，确保各高校的课程资源能够得到充分利用。在创新创业教育课程建设的网络中，不同高校之间、教师与教师之间、教师与学生之间、学生与学生之间拉近了时空距离。以前可能由一个教师完成的创新创业教育课程，现在通过互联网的连接与互动，变成由多个高校、多位教师共同完成，甚至学生也可以参与课程建设，形成"跨高校、跨地域、跨学科、跨专业、跨年级"的创新创业教育课程建设和培育模式，大大提高创新创业教育课程的质量和实效。

将科学的管理思维和创新思维渗入创新创业教育全过程，推动创新创业教育课程定位和教学理念变革，加快改革创新创业教育课程的体系和模式。创新创业教育重要的使命是将互联网技术与创新创业教育课程深度结合，整合各个高校的创新创业教育资源，建立创新创业教育的信息化课堂，建设慕课、微课、精品课程等，打造在线共享的创客空间、创新创业孵化园、创新创业实训基地等实践教学平台。

四、"互联网＋"创新创业课程建设——以"梦想明天"网络平台教学为例

"协同开设网络环境下探究式创新创业课程"是 2016 年教育部第二批产学合作协同育人项目，也是由广东海洋大学与梦想明天网络文化发展（北京）有限公司协同开展的创新创业教育改革项目。该项目使用预言家网络教学实施平台开设创新创业课程，使用导学平台提供的三个学习库——探究任务库、学习资源库、教学资源库开展教学任务。

根据教育部产学合作协同育人项目要求，2016—2017 学年广东海洋大学组建了"海大经生经世"班级，共 222 人参与了课程学习。指导教师利用时政要闻、校园文化，就学生关心的话题展开研讨，创设问题情境，调动学生积极性，推进探究式创新创业教学模式改革。课程结束后取得了初步成果，按期完成教学计划、教学任务，达到较好的教学效果，大部分学生完成了额定的任务量，包括 18 次作业、36 次互评、1 篇学习总结。最后　任课教师对每个学生的学习态度、学习方法、学习进步程度等作出总结性评价。

任课教师和学生借助互联网，通过线上与线下相结合、课内与课外相结

合、分散与集中相结合、固定终端与移动终端相结合的混合教学模式，引导学生自主探究学习，营造共享与分享学习氛围，提高学生创新创业思维质量和水平。任课教师与影子教学团队制作思维训练、创意训练、创业训练、微创新训练、发明训练、人生规划训练等数字教材（或称导学案），引导学生自主探究，让学生将探究成果（或称探究作业）上传到专用网络平台上，与同学互评、互鉴，进行讨论交流，教师再对其进行点评和指导。学生根据导学案，已有的知识、经验，以及新获取的创新创业知识和相关资讯，模拟、想象、演绎未来工作或创业可能遇到的各种场景，解决各种合乎情理的创新创业问题和矛盾，给出探究路线和策略，在假想的情景中，用最小的成本、最容易操作的方式、最短的时间获得最大的人生体验。

该网络平台在课程建设过程中的主要着力点如下。

第一，增强真实感和互动性。在线教学具有灵活性、自主性，但相比传统课堂教学，其所创建的虚拟学习环境缺乏真实感，师生之间的交流与互动比较单一。教学过程符号化，缺乏嵌入感、真实感。师生关系难以建立起来，双方情感投入不够。教学不仅是一个信息传输、反馈的过程，更是一个情感建构的过程。教师的真情实感比信息更加能激起学生的共鸣。线上的网络教学平台应充分结合线下的教学实践，如果无法开展线下教学，可以开设在线课堂。平台主页实时发布即将开展的在线课堂及其相应链接，开设 3D 虚拟网络教室，由教师主持该教室的教学活动。学生根据自己的需要选择相应的虚拟课堂进行在线学习活动。教师还可以利用虚拟投影仪、电子白板等进行在线教学活动，和学生实现实时在线互动、集中讲授、展示课件。教师和学生可以通过屏幕体验与真实教室类似的虚拟学习情境，教师也可以将学生分成不同的学习小组进行在线协助学习、分组讨论，在虚拟的课堂中实现教学互动，达到理想的线上教学效果。

第二，加强数字化建设。大数据时代，信息产生的速度更快，传播途径更多，各类信息鱼龙混杂，数据呈爆炸式增长，信息在短时间内就会过期老化，失去吸引力。在未来的数字平台建设中，要进一步丰富平台的教材数量，提高教学案例的质量。数字教材应充分展现各个专业的专业知识，如能源、通信、食品、电子，以及产品开发、市场营销、物流管理、人力资源等方面的知识，为学生补充完善的学科架构，组织各个领域的专家对教材库中的案例进行充分编辑整理，为探究式学习注入新鲜血液。

第三，提升网络平台的友好性。目前所使用的教学平台界面缺乏亲和性与互动性，对学生的吸引力不强。应完善更新数字库的储备，开发更加友好的用户界面，为师生提供更加真实的用户管理、数据管理和学习资源管理。还应开发在线交互、信息共享等的平台，构建计算机仿真技术，组建具有真实感的虚拟教室场景等。

第四，发展线下实践平台。从教学经验及知识增长规律看，理论与实践并重、线上与线下联动才能更好地增强教学效果。网络教学大多只停留在"案例＋讨论"的模式，缺乏对实际操作、动手能力、技能锻炼的实训。应增加创新创业竞赛活动内容，与现实生活结合，增强学生参与创新创业社会实践的能力。将移动互联网、云计算、大数据、物联网等新一代信息技术与行业产业紧密结合，培育新产品、新服务、新业态、新模式，与教育、医疗、社区等深度融合。此外，还应整合各种创新创业资源，激发学生的创业热情，鼓励他们积极参与各类创新创业活动，享受"创新、实践、体验、成长"的快乐。

第五，优化教师知识结构。创新创业课程指导教师往往缺乏相关的学科背景和丰富的从业经历，从而影响到课程教学效果。教师是创新创业教育中的关键因素，加强师资队伍建设在当前尤为紧迫。应鼓励教师参与创新创业培训，取得创业培训的相关职业资格。研发系统化、科学化、本土化的师资培训体系，推出适应时代需求的精品课程，建设优秀的创新创业教育名师库。

第四章 大学生创新创业教育之师资建设——基于"互联网+"视角

第一节 高校创新创业师资队伍建设

一、高校创新创业师资队伍建设的必要性

实施创新驱动发展战略的关键是培养一批具有自主创新意识和创新能力的人才。高校作为联结学生和社会的纽带，担负着培养具备创新能力人才的重任。创新创业教师作为沟通高校、社会、学生与企业的桥梁，需充分发挥自身能力，为国家输送大量创新型人才。

（一）创新创业教师是创新人才培养的关键一环

党的十八大报告明确指出："鼓励多渠道多形式就业，促进创业带动就业。"由此可看出，国家鼓励高校培养创新人才。但是大部分学生在进入本科学习阶段时还没有创业意识，一些学生虽然有创业意识，但不知如何实施，所以在毕业时依然选择求职或者考研。在这种情况下，很多有创新能力的人才就被限制在固有的思维中，或者很多学生在社会舆论影响下有创业的意识，但是所做的项目没有进行专业的风险评估，以致在后期的创业过程中遭遇失败，进而影响自身与身边同学的创业勇气。于是，创新创业指导教师在这时就发挥了重要的作用。

首先，创新创业指导教师开展创新创业教育课程，能够培养学生的创新创

业意识，让学生了解创新创业相关的基础知识。学校在创新创业教育开展的过程中，会邀请创新创业成功的管理者或有丰富创新创业经历的教师，给学生分享有关创新创业过程中需注意的事项，或者是给学生分析目前市场上值得尝试的领域和项目，让学生产生相关的意识并激发学生的兴趣。其次，在学生有了创新创业的理论基础后，教师在课堂上会采取实践教学，引导学生模拟创新创业实际，让学生身临其境地感受创新创业过程。学生通过整个阶段的学习，理论知识水平及实践能力将有所提高，助力后期项目的开展。最后，学生在课程学习的过程中或是课程学习结束后会对创新创业产生浓厚的兴趣，会主动寻找创新创业契机或创新创业项目。在此阶段，学生会尝试独立分析市场，找到适合目前创新创业环境的项目，创新创业教师也应在这时指导学生分析，帮助其提高创新创业能力。

（二）创新创业教师是正确选择项目的重要参谋

好的创新创业项目是学生创新创业成功的关键，只有经得起风险分析和市场检验的项目才具备成功的可能性。学生在有创新创业意识之后往往会选择一些自己感兴趣的领域进行创新创业，但是该领域不一定是当前市场所需要的，甚至可能是市场已经淘汰的，这时就需要专业人士对该项目做出合理分析并进行评估。除此之外，学生在校期间很少接触成熟且市场前景较好的科研项目，这也是学生创新创业的困境之一。

学校的创新创业教师历经艰辛才走向成功，他们更熟悉国家的创新创业政策、市场发展趋势以及行业发展情况，在项目选择上能够发挥重要作用。首先，创新创业老师有创新创业相关经历或创新创业基础知识背景，可以对学生的意愿项目进行初步分析，评估此项目的可行性，让学生少走弯路。如果教师经过多方分析后发现该项目不适合投放市场，将会终止此项目的开展，提前避免项目失败浪费学生时间及精力，打击学生创业的积极性。其次，创新创业教师可以将具有相同创新创业意愿的学生集合在一起。每个学生都是独立的个体，都具有能动性，其创新意识也不相同，把学生聚集到一起，每个人都可以为创业项目提供自己的创新想法，帮助项目更好地开展。最后，创新创业教师可凭借自身创新创业的经验或资源对科技成果进行评价、整理和筛选，根据学生的专业特长，为学生提供适合其创新创业的项目。

（三）创新创业教师是项目投放市场的中间纽带

创新创业项目的最终目的是投放市场，而创业资源是创业关键三要素之一，是企业行业竞争优势的核心。创业资源不一定多，但需要按照企业发展战略需求合理配置。对学生来说，他们不知道企业需要哪些资源，也不知道如何获取资源，即使有资源，也不知道如何整合利用。资源得不到合理使用，项目就难以投放市场。创新创业教师拥有更综合、更完备的认知结构，更容易识别创业项目尤其是更深层次的创业项目。所以，创新创业教师能够通过自身积累的资源为学生提供帮助，有效解决学生在市场开拓中经验不足等问题，让学生的项目在投放市场的过程中减少阻碍。

除此之外，创新创业教师会与创新创业者讨论项目相关情况，从不同的角度分析信息，这样可以潜移默化地提升学生识别机会的能力，让学生培养自我学习习惯，从被动学习转化为主动学习，从被动分析市场转化为主动分析市场，进而筛选出市场需要的创新创业项目。学生经过这一阶段的学习将会对市场需求更加敏感，有助于在创业中期及后期根据市场情况及时调整企业方向。因此，无论是将项目投放市场的过程中还是后期的市场竞争，创新创业教师都是中间纽带，为大学生创新创业提供了重要支撑。

二、高校创新创业教育师资队伍建设的五大维度

分析和总结国内学者关于我国高校创新创业教育教师队伍的优秀研究成果，并结合高校创新创业特点，确定了高校创新创业教育师资队伍建设的五大维度，即创新创业教育师资队伍构成维度、创新创业教育师资队伍管理维度、创新创业教育师资队伍培养维度、创新创业教育师资队伍评价维度和创新创业教育师资队伍保障维度。

第一，借鉴创新创业教育师资队伍构成维度，保留了创新创业教师构成中主体、数量、来源等维度，增加了创新创业教师背景（学历与经历）的内容研究。

第二，借鉴创新创业教育师资队伍管理维度，保留了创新创业教师管理机构的内容，增加了关于创新创业教师管理方式与管理效果的内容。

第三，借鉴创新创业教育师资队伍培养维度，保留了创新创业教师培养中关于创新创业教师的培训内容和培训目标，但对里面的具体内容进行了修改和调整，增加了创新创业教师培训形式的内容研究。

第四，增加创新创业教育师资队伍评价维度，并通过对其内容进行访谈，确定具体指标体系。

第五，借鉴创新创业教育师资队伍保障维度，保留了保障内容中创新创业教师政策、资金、激励制度和创新创业教师平台建设的内容，增加了创新创业教师文化的内容。

三、高校创新创业教育师资队伍建设五大维度包含的具体指标

研究通过深入访谈和借鉴国内学者关于创新创业教育师资队伍的研究成果，确定了高校创新创业教育师资队伍建设的五个维度中所包含的具体指标。根据以上五个维度，笔者对部分高校的相关领导和教师进行了深入访谈，发现创新创业教育师资队伍在构成、管理、培养、评价和保障等方面都包含很多方面的具体内容，通过对访谈内容的梳理，得出创新创业教育师资队伍建设五个维度的具体指标体系。

笔者在确定具体指标体系的过程中，充分参考了国内外学者的研究成果，再结合笔者的访谈内容，得出五个维度所包含的具体指标，即创新创业教育师资队伍建设构成，包括创新创业教师主体、来源、数量和背景等内容；创新创业教育师资队伍建设管理，包括创新创业教师管理理念、管理机构、管理方式和管理效果等内容；创新创业教育师资队伍建设培养，包括教师的培养目标、培养内容、培养形式和培养效果等内容；创新创业教育师资队伍建设评价，包括创新创业教师评价主体、评价内容、评价形式和评价效果等内容；创新创业教育师资队伍建设保障，包括创新创业教师保障主体、保障内容、保障形式和保障效果等内容。

四、高校创新创业教育师资队伍建设分析框架的形成

笔者通过对国内已有学者研究成果的总结，构建了高校创新创业教育师资队伍建设的分析框架，如图4-1所示。

图 4-1 高校创新创业教育师资队伍建设的分析框架图

该分析框架从创新创业教育师资构成、创新创业教育师资管理、创新创业教育师资培养、创新创业教育师资评价和创新创业教育师资保障五个维度对当前高校创新创业教育师资队伍进行研究，这五个维度的含义和具体内容如下。

第一，创新创业教育师资构成是指目前创新创业教师是由哪些教师构成，创新创业教师的规模如何（数量和质量），创新创业教师来自哪里，创新创业教师有哪些创业经历等。具体包括创新创业教师主体、创新创业教师数量、创新创业教师来源、创新创业教师背景（学历与经历）等内容。

第二，创新创业教育师资管理是指目前创新创业教师由哪个机构管理、如何管理、具体管理理念等。具体包括创新创业教师管理机构、创新创业教师管理方式、创新创业教师管理理念、创新创业教师管理效果等内容。

第三，创新创业教育师资培养是指目前创新创业教师创新创业教育的目标是什么、创新创业教师怎样培训等。具体包括创新创业教师的培养目标、创新创业教师的培养内容、培养形式（校内、校外培养）、培养效果等内容。

第四，创新创业教育师资评价是指目前创新创业教师的成果是如何被评价和认可的。具体包括评价主体（哪些人参与评价）、评价内容（科研成果、创新创业实践、基本业绩）、评价形式（结果评价和过程评价）以及评价效果等内容。

第五，创新创业教育师资保障是指目前创新创业教师发展有哪些外部保障主体，靠什么来维持和支撑，以什么样的形式保障。具体包括保障主体（政府、学校、企业）、保障内容（政策保障、资金保障、激励制度保障、平台保障和创业文化保障）、保障形式（怎样保障的）、保障效果等内容。

第二节　高校创新创业教育师资队伍的建设状况

为了解高校创新创业教育师资队伍建设的现状，及时发现师资队伍建设中存在的问题，为进一步探究制约师资队伍建设的因素提供翔实的数据，同时也为最终的解决对策积累原始资料，笔者以上海市高校为调查对象展开了调研。

本研究主要采用线上和线下相结合的方式来发放调查问卷，问卷自 2020年 4 月 22 日开始发放，至 2020 年 10 月 22 日结束收集。选取"问卷星"这一平台，在严格限制被试身份的前提下，共收集了 167 份问卷。线下随机选取了上海市 5 所高校作为问卷发放的地点，共收集了 40 份问卷。线上和线下共207 份问卷，其中删除无效问卷 6 份，剩余有效问卷 201 份，有效回收率为97.1%。如此高的回收率，给本研究的后续分析提供了十分有利的数据支持。

经过对问卷调查结果的统计发现，当前高校创新创业教育师资队伍建设的大致情况如下。

一、教师数量有所增加

高校创新创业教育发展伊始，师资力量呈现极度匮乏的局面，某些高校中寥寥可数的创新创业教育教师还是从经管学院经过紧急培训抽调而来的。当时我国开展创新创业教育的时间尚短，出现这种情况是可以理解的。而后，高校创新创业教育经过十几年的大力发展，终于取得了骄人的成绩。本研究所调查的上海市的高校无一例外都开设了创新创业教育通识课程，不过有的学校以选修课的形式在大学生中开设此课程，有的学校以必修课的形式开设此课程，有些学校则两者兼具。创新创业教育课程的大范围开设，从侧面证明了师资力量的增强。另外，本研究在上海市抽样调查了 5 所高校（上海体育学院、上海工程技术大学、上海建桥学院、上海科技大学、上海师范大学天华学院），调查内容是 2002 年和 2020 年学校创新创业教育教师的总量。5 所高校的创新创业教育教师数量均存在不同程度的增长，有的学校从无到有，有的学校从 2002年的几名教师发展到如今的三十多名教师。因此，试得出结论，高校创新创业教育经过十几年的发展，其师资力量有所增强。

二、教师结构有所改善

目前，学界关于创新创业教育师资队伍结构的论调几乎是一边倒的，普遍认为师资队伍结构不合理，但经过实际调研，笔者得到了与之稍有不同的结果。调研结果显示，高校创新创业教育教师的性别结构和学历结构是比较合理的，而且教师的专业结构也有了很大的改善。

表 4-1　被试基本情况

统计项目		人　数 / 人	百分比 / %
性别	男	103	51.2
	女	98	48.8
年龄	30 岁及以下	33	16.4
	31 ～ 35 岁	80	39.8
	36 ～ 40 岁	44	21.9
	41 ～ 45 岁	32	15.9
	46 ～ 50 岁	8	4.0
	51 ～ 55 岁	3	1.5
	56 ～ 60 岁	1	0.5
职称	正高级	20	10.0
	副高级	26	12.9
	中级	81	40.3
	初级	40	19.9
	未定职级	34	16.9
学历	博士研究生	40	19.9
	硕士研究生	135	67.2
	本科	26	12.9
	专科	0	0
	专科以下	0	0

续　表

统计项目		人　数/人	百分比/%
学科背景	经济学	27	13.4
	管理学	53	26.4
	哲学	19	9.4
	教育学	18	9.0
	法学	25	12.4
	工学	21	10.4
	理学	10	5.0
	艺术学	7	3.5
	医学	6	3.0
	农学	2	1.0
	文学	12	6.0
	历史学	1	0.5
	军事学	0	0
隶属的管理部门	就业处	40	19.9
	学生处	6	3.0
	各院系	108	53.7
	专管创新创业教育的部门	47	23.4
职位	专职教师	62	30.8
	校内兼职教师	131	65.2
	校外兼职教师	8	4.0
工作内容	理论课教学	84	41.8
	实践课教学	12	6.0
	理论课+实践课教学	25	12.4
	理论课教学+行政管理	39	19.4
	实践课教学+行政管理	21	10.4
	三者都负责	20	10.0
是否拥有相关的资格认证	是	74	36.8
	否	127	63.2
是否拥有企业管理经历或创业经历	是	34	16.9
	否	167	83.1

统计项目		人 数/人	百分比/%
是否主持或参与过相关的课题研究	是	80	39.8
	否	121	60.2
在高校从事创新创业教育工作的年限	1 年以下	34	16.9
	1～5 年	124	61.7
	6～10 年	35	17.4
	11～15 年	5	2.5
	15 年以上	3	1.5
在从事创新创业教育过程中面对的最大阻碍	缺少创新创业教育教材	5	2.5
	师资力量无法满足教育需求	50	24.9
	缺少创新创业教育理论知识	10	5.0
	缺少创新创业实践经验	87	43.3
	缺少创新创业教育培训机会	27	13.4
	教师之间缺少知识共享	22	10.9

如表 4-1 所示，从性别来看，高校中从事创新创业教育的男性教师占比为 51.2%，女性教师占比为 48.8%，这说明教师性别比例是比较均衡的。从教师学历来看，拥有硕士研究生学历的教师占比最高，达到 67.2%，其次为拥有博士研究生学历的教师，占比为 19.9%。教师队伍中不存在拥有专科及以下学历的教师，这表明高校创新创业教育教师普遍具有高学历，打破了一直以来存在较多低学历教师的说法。从教师专业结构来说，之前创新创业教育教师的专业只限于经济学和管理学，其余专业鲜有涉及。但从调查结果可知，当前的创新创业教育师资队伍几乎囊括了所有专业的教师（军事学除外），这对以专业学科为基础、多学科支撑的创新创业教育来说无疑是个好消息。

三、教师交流培训较好

运用五点计分法对创新创业教育教师交流和培训的情况展开调查，其中 1 分为最低分，5 分为最高分，3 分为中间分，得到如下结果，如表 4-2 所示。得分在 3～5 分的教师占比为 42.29%，得分在 1～3 分（不包含 3 分）的教师占比为 57.71%。也就是说，将近一半的教师认为自身交流和培训的情况处于中等偏上水平，比较认可高校组织的交流和培训活动。在此前提下，尽管有一半多的教师认为自身交流和培训的情况处于中等偏下水平，但无论是与创新创业教育发展初期的情况相比，还是从国家对创新创业教育的大力支持上来看，都可以看出教师的交流和培训活动发展较好[①]。如表4-3所示，当创新创业教育教师被问及"贵校组织教师参加的创新创业教育培训，您参加过几次"的问题时，有66.17%的教师表示参加过培训，有33.83%的教师表示未曾参加过培训，这表明高校创新创业教育教师的交流和培训活动发展较好。

表4-2　高校创新创业教育教师交流和培训自评分数统计数

分数/分	$1 \leq X < 3$	$3 \leq X < 5$
人数/人	116	85
百分比/%	57.71	42.29

表4-3　教师参加创新创业教育培训活动的次数统计

参加次数	没有	一次	两次	三次	三次以上
人数/人	68	95	32	5	1
百分比/%	33.83	47.26	15.92	2.49	0.50

四、组织建设有所加强

2002年，教育部挑选了9所高校作为创业教育试点院校，那时我国的创业教育发展时间尚短，9所试点院校也是"摸着石头过河"，其组织建设初具雏形。然而，历经十几年的发展，9所试点院校的创新创业教育早已发展得风生水起，上海市的创新创业教育也有了一定的发展，突出表现在创新创业教育的组织建设上。根据对创新创业教育教师的访谈可知，高校中有些以"校团委统一领导、多部门配合协调"为管理机制，有些实行"大学生创新创业教育中心统一指挥协调"的管理机制，有些则实行"校领导统一领导、学生处（或就业处或教务处）负责具体实施"的管理机制。可见，各高校在发展创新创业教育的道路上，都无一例外地认识到组织建设的重要性和紧迫性，因而在探索适合自身的组织建设中均不遗余力。不过，虽然高校加强了创新创业教育的组织建设，但这是与之前的情况相比得出的结果，高校专门成立创新创业教育部门

---

①林林."专创融合"背景下高职院校师资队伍建设[J].焦作师范高等专科学校学报，2020（3）.

的情况还是比较少见的。因此，创新创业教育的组织建设任务可谓是任重而道远，高校唯有不懈努力方能得见更大效益。

第三节　借助"互联网+"，强化师资力量

一、"互联网+"背景下创新创业教育师资培训的策略

（一）"互联网+"创新创业教育师资培训实施建议

1.改变师资培训学习观念

"互联网+"创新创业教育师资培训的具体实施要从思想观念入手。当前，随着信息化水平的逐渐提升，以互联网为基础的二、三产业相结合的行业越来越多，再加上信息技术更新换代的速度极快，所以在"互联网+"背景下开展高校教师培训时，应首先培养教师主动学习、不断学习的思想观念，尤其是对"互联网+"行业的知识体系、高新技术、服务理念和流程的学习，最终形成一个全新的"终身教育"的理念，培养教师良好的教学观念和实践观念，促进教师综合素质的不断提升，使其成为信息时代创新型、应用型的高素质人才。

2.建立线上培训平台

"互联网+"创新创业教育师资培训要充分利用互联网技术的优势，加强网络培训平台的建立和推广，以互联网自身的优势提升创新创业教育师资的培训效果，推动全新培训模式的改革。首先，借助计算机技术和互联网技术，构建线上创新创业教育师资培训平台，从而打破时间与空间的限制，让教师随时随地参加对应的培训。其次，构建培训平台，需要突出高校培训的个性化学习，通过构建专门的培训体系并将其转化成适合培训平台的信息化教学资源，从多方面满足教师培训的多样化需求[①]。最后，优化评价机制，利用线上培训平台全程跟踪教师培训过程，并加入实操性的评价内容，结合理论考试建立完整的培训跟踪评价体系，同时，在评价体系中加入素质评价模块，让教师在培训过程中能随时随地查看自己在技术上、素质上的不足，从而真正让高校教师

---

① 刘勇，张子健.高职院校创新创业教育师资队伍建设策略研究[J].长沙航空职业技术学院学报，2020（3）.

实现多元化、均衡化发展。

3.实现全新教学模式

"互联网＋"创新创业教育师资培训要利用线上培训平台，开拓性地创新各种培养模式，如远程培训、线上线下结合培训、翻转课堂等，从而打破传统的教学模式，提高教学效率和教学质量。利用"互联网＋"可以实现教师远程培训、资源共享，获取更多的网络教学资源，从而形成一套线上专业和非专业结合、线上线下结合的教学体系。此外，借助"互联网＋"技术，可以让创新创业教育师资培训的视野更加宽广、内容更加丰富，让高校教师与企业以及其他培训教师等建立伙伴关系，通过更多的培训方式让高校教师能够了解并掌握实际需求，最终实现高校师资应用型技能的培养。

（二）"互联网＋"背景下创新创业教育师资培训的实现方式

1.丰富培训课程资源

在"互联网＋"背景下，可以借助互联网、信息化手段来不断完善整个师资培训的课程资源。

第一，借助互联网，充分利用网络资源，以高校创新创业教育师资培训体系为基础，首先对互联网上的资源进行筛选和整理，结合当前现有的高校创新创业教育师资培训体系形成新的网络课程资源，"无限"扩大高校创新创业教育师资培训课程内容和体系结构，将诸多前沿技术、应用引入高校创新创业教育师资培训中，从而丰富培训知识、优化课程内容和体系，最终提高教师的实际操作能力，增加他们的技术知识储备，并进一步提高解决实际问题的能力。

第二，大力开发自己的慕课课程，借助"互联网＋"的优势，研发高校创新创业教育师资培训在线课程内容，从而突破传统培训课程在学生容量上的限制，借助互联网增加高校创新创业教育师资培训的承载量，扩大知识传播。

第三，针对实践性较强的课程，在研发高校创新创业教育师资培训的课程时，可以与微课等形式充分结合，以项目驱动为载体，将知识体系划分成不同的知识点并录制讲解视频，从而得到对应的课堂教学视频片段。全部的微课视频片段之间根据项目任务驱动的形式进行有效整合，从而形成一个有效的微课视频课程内容，使高校师资线上培训平台在慕课的基础上能够承载微课的视频内容，方便学生以项目驱动的形式进行学习。

2.改革创新创业教育师资培训模式

利用"互联网+"的信息化技术，通过慕课、微课等网络电子化课程资源，可以开展翻转课堂、项目驱动等全新的创新创业教育师资培训模式。翻转课堂结合项目驱动教学，可以在信息化平台上根据创新创业教育师资培训目标设定专门的项目，并根据教学知识体系设置任务，而后参加培训的教师可以在信息化教学平台中接受项目任务，并且通过慕课、微课的内容了解项目中需要完成的任务，并根据自己的理解尝试去解决项目中的任务以完成整个项目。通过慕课、微课的形式，教师在完成任务过程中会遇到各种实际操作问题，可以通过百度、Google等搜索引擎的帮助来解决，从而在实际锻炼中不断提高个人的技术能力，或者以团队的形式，通过小组讨论、分析来一起得到答案。对于团队不能解决的问题，可以记录下来，在正式的课堂上进行提问，从而在带着问题学习时提高学习质量。

高校创新创业教育师资培训的主要目的是提高教师的技术能力和教学能力。高校创新创业教育教师在通过翻转课堂进行技术提升之后，需要在教学能力上进行有针对性的训练，结合"互联网+"的优势，可以通过开展微课的教学方式来提高教学能力。高校创新创业教育师资培训过程中，由于不需要给学生授课，所以教师可以充分发挥自己的自主性，将需要讲授的内容以"说课+实际授课"的形式进行展示，并借助信息化录入设备将其录入到创新创业教育师资培训教学平台的个人评价模块中，作为教学回顾的素材进行保存。教师在微课的授课过程中，要充分利用"互联网+"的信息化优势，通过设计良好的教学环节，突出教学技巧、水平、亮点，从而在教师的评价、教学切磋过程中不断提升业务水平和能力，最终成为高校精良、优异的教师资源。

3.增加教师学习路径

"互联网+"背景下开展创新创业教育师资培训，突破了传统的限定性培训，即针对已有的教学体系进行学习。"互联网+"技术的引入，可以"无限"扩大教师培训的信息内容，可以使教师通过互联网随时随地地学习慕课、微课等电子化信息资源，而且能通过互联网接触到更多的学习资料和教学资源。在项目驱动教学模式下，教师可以充分发挥个人的主观能动性，通过"互联网+"信息平台不断学习培训中心的课程内容，及时了解最前沿的技术等，从而增长知识，增强自己的技术储备并提升教学技巧，使自己的教学水平得到升华，最终可以游刃有余地开展后期的教学。

4.增强后期教学效果

"互联网+"技术在创新创业教育师资培训中不仅要努力提高教师的教学能力和教学技巧，还要通过激发学生的学习兴趣，增加教学路径来增强后期的教学效果。高校教师要充分运用互联网的优势，在培训过程中充分掌握跨时间、区域限制的教学模式，以及互联网教学平台的应用办法，以期在后期教学中让学生随时随地随心地学习，并与教师进行沟通交流。同时，设计教学环节时，应积极引入互联网资源，在设计项目任务时构建不同的教学场景，最大限度地激发学生的兴趣，从而提升教学效果。教师还要利用互联网培养自己自主学习的习惯，并将利用互联网检索信息的技巧传授给学生，从而逐渐培养学生自主学习的能力，最终增强实际的教学效果，提高学生的技术水平。

二、借助慕课推进创新创业教育师资队伍建设

（一）慕课教学助推师资队伍建设的优势

慕课是互联网与高等教育融合的产物，它的产生给高等教育教学手段及教育形式带来了一场变革。新建本科院校适时、适度地引进慕课有利于提高理论教学质量，推动师资队伍建设，它有以下优势。

1.借助慕课可促进教师更新教学理念

慕课使传统的学科界限变得越来越模糊，固有的观念变得越来越淡薄，这对于培养复合型应用技术人才是极为有利的。慕课的引入，一方面促使创新创业教育教师主动拓宽知识的广度，积极学习相关领域的专业知识，另一方面推动创新创业教育教师主动探索实践性知识的深度，积极扩充实践经验和实践性知识，增强实际应用知识的能力。

2.借助慕课可帮助创新创业教育教师优化教学设计

将慕课引入传统教学，要求创新创业教育教师将教学内容划分为以下部分：适合自学的内容、需要学生深入探究和讨论的内容、需要师生交流的内容以及需要学生协作的内容。创新创业教育教师将适合学生自学的内容以慕课的形式推送给学生，让他们在课余时间完成，教师只把需要引导启发的学习环节放在课堂教学中，同时将优质慕课资源引入课堂教学中，作为课堂教学的有力支撑，优化传统的教学设计，提高教学质量。

3.借助慕课可提升教师的信息传递能力

慕课的优势在于通过短小的教学单元，增强知识的传播效果。慕课根据人的认知活动在最初的 10 分钟是高效的这一原理，将视频课程时长设定在 10 分钟左右，通过传递过程的信息反馈及时了解学生接受知识的情况并为学生答疑解惑。慕课的引入使教师真正感受到，教师的信息传递能力和学生的接受效果是影响教学水平的关键问题，因而教师要树立以学生为中心的服务理念，在时间控制、师生互动、问题设置、信息反馈等环节中不断提升信息传递能力和水平。

4.借助慕课可激发教师的创新意识

慕课的开发和推广带来了国家之间、高校之间、教师之间在教学质量层面的竞争。慕课推动高校教师从两个方面大力提升自身知识创新技能，一方面是教师个人的知识挖掘，通过不断拓宽知识面提升自己的理论知识水平和实践技能；另一方面是强化团队意识，实现与不同专业背景、不同知识结构的教师，以及行业、企业人员之间的合作共赢，实现协同创新。

5.借助慕课可提升教师的自我效能感

慕课的开放性扩大了教师的影响力，一门课程能够传播到世界的任何角落。部分从师范院校升级而来的新建地方本科院校已经拥有自己的特色专业，在师范专业的人才培养上已有丰富的经验，完全可以制作出优秀的慕课资源，提升学校和教师的知名度和影响力，提升教师继续开展教学改革的自我效能感。

6.借助慕课可协助创新创业教育教师开展个性化教学

师资短缺是高校面临的普遍问题，这就导致课堂教学过程中缺少实质性互动，无法实现个性化教学，课堂教学效果也就难以保障。在一些人数多的课堂教学中学生即便没听到或者没听懂也无法让教师再讲一遍，教师也无法实现针对每位学生进行一对一指导。慕课教学中的学习者可以在任何一个地方让"教师"停下来，可以让"教师"再讲一遍或再讲很多遍。同时，教师可以通过查看学生在教学过程中回答问题的情况，了解每位学生对知识点的掌握情况，从而有针对性地对其进行个性化指导，在一定程度上减少师资短缺对教学效果的影响。

7.借助慕课可助推双师双能型创新创业教育教师建设

优秀的双师双能型师资队伍是培养应用型人才的重要保障，而缺乏双师双能型师资正是新建地方本科院校普遍存在的问题。新建地方本科院校可以借助慕课共享各高校优秀的双师双能型教师资源，实现"不求所有，但求所用"。校方通过配备慕课线下教师，利用O2O的模式，让企业教师引领校内教师，快速积累实践经验，培养学校自己的双师双能型师资。高校教师可以先做慕课校方线下教师，课程结束后由学校聘请慕课主讲教师进行考核，考核合格作为认定双师双能型教师的条件之一。

（二）借助慕课推进师资队伍的建设

1.引进慕课资源，共享优质师资，共建课程资源

2012年，教育部将创业基础课设置成必修课。对于高校来说，缺乏师资、缺乏课程资源导致课程开设难度较大。针对新建本科院校的实际情况，创业教育课程的开设可以利用慕课引进优质的创业教育课程，共享优秀教师资源。例如，一些高校引进友成基金与北京大学经济学院合作开设的社会创业启蒙课。学生通过慕课与北京大学的学生同时进行创业课程的学习，与课程的主讲教师和各个高校在线学习的学生进行互动交流，这有利于学生扩大社会视野，增长创业知识。

2.依托慕课提升双师双能型教师培养质量

高校在进行应用技术型人才培养时，急需大量的双师双能型教师。高校可采取O2O的模式开展慕课教学，引进慕课的线上教师作为具有丰富实践经验的双师型教师，校方为每一位慕课主讲教师都配备一位或多位本校的优秀线下辅导教师，围绕课程的展开，线上、线下教师实时配合，共同推进课程的开设，从而实现优秀线上教师对本校线下教师的帮扶效应。在课程的推进过程中，高校教师可与慕课主讲教师进行充分地交流与沟通，丰富自身的实践经验，拓展实践渠道。

3.借助慕课促进教师深化课堂教学改革

新建本科院校提升人才培养质量的核心是提高课堂教学质量。慕课是在线学习与课堂学习相结合的混合式教学模式的载体。部分院校积极推进慕课建设，要求教师在深入分析教学内容的基础上，对具体的教学内容进行精细化设计，分割教学单元（知识点），创建10～15分钟的教学视频，同时设计承

上启下的问题或小测验。学生观看视频自主学习各个子任务，借助网上小组深入讨论、理解主要知识点，查阅相关资料并回答问题。借助慕课将传统的课堂教学转变成师生面对面交流，以学生汇报、教师答疑的形式进行，将传统的"教—学模式"改变为"学—教模式"，提升了教师的专业素养和教学水平，颠覆了传统强调"教"的课堂教学模式，突出师生互动，强化学生的学习体验，实现以"学"为中心的教学模式。

三、高校应加快信息化建设助力创新创业教育师资建设

（一）高校应该强化数字化、信息化校园的硬件建设

"互联网＋"时代，教学方式主要是借助虚拟教学空间的构建来实现网络课程资源的共享，在这一背景下，现代化硬件设施的顺利运转是开展信息化、数字化教学的前提和保障。数字化校园建设硬件建设主要体现在加大各种设备的购买力度方面，具体来说就是要根据所开设专业的实际情况，结合当前教学实际，能够解决实际问题。首先，要保证校园的学习区可以实现高速上网，服务器功能齐备完善等，这是最基本的前提条件。其次，学校应构建完善的信息化技术人员梯队，及时、妥善处理信息设备运行中的各种"疑难杂症"，为数字化、信息化教学的顺利展开做好充分准备。最后，学校应通过云资源平台和大数据分析软件，建立与完善教师信息资源储备库。

（二）高校在构建教师信息技术培训、进修机制时应因人而异

"互联网＋"时代的高校教育，更加注重互联网与教育的深度融合，这就要求教师在运用信息化、数字化资源时与教学实际紧密结合。因此，学校在构建相应的培训、进修机制时要突出其实践性和应用性。具体说来，在实际的培训过程中，要尽力避免之前常用的"报告式"进修制度，而要在夯实理论知识体系的前提下，着力激发教师的参与热情，根据多种类型的教学任务，构建任务式、案例研讨式、体验式和参与式等多元课程形式，强化培训、进修的实效。在实际开展培训、进修时，学校还应充分考虑教师的实际情况，根据参与培训教师不同的年龄阶段、专业背景等制定不同类型的学习任务和应用标准，不搞"一刀切"，让不同年龄段、不同专业的教师都能够学有收获，在实际教学过程中顺利应用，最大限度地体现培训、进修机制的效果。

（三）学校应针对教师信息素养的提升建立完善的评估、激励机制

"互联网+"背景下，教师信息化意识和能力的提升已成为常态，也成为衡量教师综合素质的重要标准。具体说来，学校应提升信息化水平在教师综合能力评估中的比重，通过物质、荣誉、职称晋升等方式激励教师主动参与信息化教学、科研，尤其是要注重突出那些取得成果的教师[①]。学校在对教师的日常考核过程中也应适当增加信息化、数字化方面的内容，有条件的学校可以通过确定等级来对考核结果进行量化，并在年底的评优过程中进行妥善处理。通过上述评估、激励机制，学校应将对教师的信息化、数字化意识和能力的提升作为一项重要任务常抓不懈，持续提升教师的信息素养。

"互联网+"的迅猛发展带动了包括教育在内的诸多行业的跨越式发展，但同样带来一定的风险和挑战。然而，无论优势也好、劣势也罢，任何一个行业的发展都需要人来"驾驭"，高校的信息化建设同样也不例外。因此，着力提升教师队伍的信息素养就成了提升高校教育信息化、数字化水平的"牛鼻子"。具体来说，一方面，教师应提升对信息化、数字化的敏锐性，增强信息甄别、筛选以及互联网工具选择的准确性；另一方面，学校应加强硬件配置，构建高效的教师培训、进修机制以及完善的评估、激励机制，促进教师信息素养的持续、快速、稳定提升。

---

① 闵强.三螺旋视阈下地方本科院校创业教育师资建设研究[J].河南工学院学报，2020（4）.

第五章 大学生创新创业教育之大赛项目——基于"互联网+"视角

随着创新创业教育改革在高校中的不断深化，大学生参与"互联网+"大学生创新创业大赛的热情也不断高涨。然而，在第三届中国"互联网+"大学生创新创业大赛中，华东师范大学的参赛学生人数占在校学生总人数的比例不足1.26%，学生的实际参与率并不高，且取得的成绩不是很理想，还有很大的进步空间。因此，本书以华东师范大学为例，以第三届中国"互联网+"大学生创新创业大赛项目的生命周期为主线，对大学生创新创业教育大赛的项目展开研究。

第一节 大学生创新创业大赛相关研究

一、大学生创新创业大赛的概念

为了更好地理解大学生创新创业大赛这个概念，我们可以从三个方面思考，即创新、创业、竞赛。

《现代汉语词典》中"创新"一词的含义是"抛开旧的，创造新的"。广义上的创新，指的是在现有的基础思维模式下，提出区别于常规思路的见解，通过一定的方法和技术手段，取得一系列正面积极的效果，当然也包括"微创新"。从不同角度来理解创新的概念，所得出的含义是不一样的。就社会学角度来说，创新是指运用已经具备的知识和条件，突破原来的瓶颈和束缚，发现和创造新颖、独特、有一定价值的新鲜事物或新思想；就经济学角度来讲，创新是指通过现有的知识和条件，对旧产物进行改进并创造新产物，并从中获利的行为。关于创业，杰弗里·蒂蒙斯在其著作《创业学》中提出，创业是一种行为方式，是创造经济利益或者社会价值的过程，它跟创业者自己整合资源的能力以及思考、推理的方式有关。《现代汉语词典》中"竞赛"的含义是"互相比赛，争取优胜"。可以看出，竞赛主要是指在一定规则框架内，由一人或多人参与的竞争性活动。由此不难看出，大学生创新创业大赛是指大学生基于技术、产品、品牌、服务、商业模式、管理、组织、市场、渠道等方面的某一点或几点的创新而进行的创业竞赛活动。

　　目前，高校中有很多类别的大学生创新创业大赛。比较有影响力的比赛如教育部等主办的"创青春"全国大学生创业大赛、中国"互联网＋"全国大学生创新创业大赛，还有各行业组织举办的大赛，如中国大学生服务外包创新创业大赛。这三个大赛的具体介绍如表5-1、表5-2、表5-3所示。

表5-1　"创青春"全国大学生创业大赛介绍

大赛名称	"创青春"全国大学生创业大赛
组织机构	共青团中央、教育部、人力资源和社会保障部、中国科协、全国学联等
大赛宗旨	以增强大学生创新意识和能力为目标，以落实创业实践为导向，打造权威性高、影响面广、带动力强的全国大学生创业大赛
参赛项目要求	参赛项目要求宽泛，只要符合大赛的要求均可参赛
参赛对象	大学生创业计划竞赛以商业计划书评审、现场答辩等作为参赛项目的主要评价内容
	创业实践挑战赛以已投入实际创业3个月以上、经营状况、发展前景等作为参赛项目要求
	公益创业比赛以创办非营利性社会组织的计划和实践等作为参赛项目要求
	面向高等学校在校学生，或者毕业未满5年的毕业生。大赛还细分MBA、移动互联网创业等专项竞赛
参赛环节	比赛分商业计划书评选、现场答辩两个环节
大赛奖励	大赛采用校级初赛、省级复赛、全国总决赛三级赛制。不同阶段的奖励不一样，采用奖金和颁发荣誉证书的方式
现　状	在原有"挑战杯"中国大学生创业计划竞赛的基础上，自2014年起组织开展"创青春"全国大学生创业大赛，每两年举办一次

表 5-2　中国"互联网 +"全国大学生创新创业大赛介绍

大赛名称	中国"互联网 +"全国大学生创新创业大赛
组织机构	教育部、国家发改委、工信部、人社部、共青团中央和地方人民政府
大赛宗旨	深化高等教育改革,以创新引领创业,推动毕业生更好创业;以创业带动就业,促进毕业生就业
参赛项目要求	能将互联网等新技术与传统行业产业相关联的产品或服务
参赛对象	创意组要求参赛项目新颖或者已有产品原型或服务模式,但尚未完成工商登记注册
	初创组要求参赛项目在工商部门登记在 3 年以内,且获投资不超过 1 轮次。参赛申报人须为企业法定代表人
	成长组要求参赛项目在工商部门登记在 3 年以上,获投资 2 轮次以上则无 3 年要求
	以团队为单位报名参赛,每个团队的参赛成员不少于 3 人,须为高校在校生或毕业 5 年以内的毕业生,允许跨校组建团队
参赛环节	创意报名
	参赛立项
	项目培育
	起草创业计划书
	专家评审、公布结果
大赛奖励	采用奖金和颁发荣誉证书的方式,但各阶段的金额不一样。大多数高校都有针对获奖项目加分评选优评奖的细则,略不相同
现　状	2015 年举办首届中国"互联网 +"大学生创新创业大赛;2016 年举办第二届中国"互联网 +"大学生创新创业大赛;2017 年举办第三届中国"互联网 +"大学生创新创业大赛,截至 2022 年已举办八届

表 5-3　中国大学生服务外包创新创业大赛介绍

大赛名称	中国大学生服务外包创新创业大赛
组织机构	教育部、商务部和无锡市人民政府联合主办，承办单位 5 年一更换
大赛宗旨	搭建产学结合的平台，引导高校加强服务外包人才培养，为服务外包产业发展提供人才保障
参赛项目要求	鼓励学生全盘考虑，提供完整方案，立足实际，解决现有问题。鼓励参赛团队提出有创造力的创意项目解决行业的痛点
参赛对象	面向全日制本科高校，要求为在校本科生和研究生
参赛环节	大赛统一设置 A、B、C 类，各高校组织队伍参赛，组委会选出一部分队伍参加现场决赛
大赛奖励	大赛采用全国预赛、全国总决赛赛制，采用奖金和颁发荣誉证书的方式
现　状	截至 2022 年已举办十三届，往届大赛吸引了超过五百所高校积极参与，受到了社会的广泛好评，影响力也在逐步提高

二、大学生创新创业大赛的特点

（一）创新性

从上述各创新创业大赛的介绍可以看出，大赛对项目都有一定的创新要求，即项目是否在某一行业或领域有所创新，包括方法创新、技术创新、理念创新等。正是这些大赛对参赛项目的要求，才促使学校培养出更优秀、更具创新思维的大学生。

（二）团队性

一般情况下，创新创业类的比赛都要求参赛成员以团队形式参加。团队各成员的性格特点、专业水平、沟通表达能力、价值观念、擅长领域是否互补，公司（创意组）的人员安排、组织架构、业务分工是否合理，创业项目与合作企业是否联系紧密，团队是否有创新的点子或解决问题的明确方案，这些都是在比赛中需要考虑和解决的问题。解决以上问题的过程能够培养大学生的协同意识、团队意识和管理意识。

（三）大赛周期长

在我国，大多数大学生创业类的比赛从开始到结束历时超过半年。一般情况下，全国性的大赛会经过多轮次选拔，先是校级选拔，然后省级选拔，最后晋级全国总决赛。学生在得到比赛通知后，就开始准备组队参赛，中间有诸多环节。这些比赛对学生的时间要求比较高，学生要始终保持参赛状态，这也是对学生耐力和体力的考验。

（四）可行性

无论是初创组还是成长组，参赛项目的中长期发展规划是否明确，发展规划和扩张策略是否具有合理性和可行性，都是比赛中需要重点考评的内容。根据以往大学生创新创业大赛的评审经验，评审形式主要是评价创业计划书的完整性和项目的创意性，实际上很多项目难以付诸行动。但也有部分大学生创新创业团队的参赛项目和方向吸引了大量风投公司或企业负责人。很多大学生创新创业项目构思合理，有解决某个行业痛点的可能性，投入市场的可能性大、可行性强。

三、大学生创新创业大赛的意义

（一）增强了团队的合作能力

一般情况下，完成大学生创新创业大赛的项目需要团队协作。现在大赛鼓励跨专业、跨学校组队，因而团队合作在比赛中起了很大的作用。好的团队往往能事半功倍。团队各成员专业不同，有各自擅长的领域，在项目中各有侧重，团队成员只有齐心协力，彼此分工协作，才能将比赛项目成功完成。比赛的过程锻炼了学生的团队协作能力、语言表达能力和专业知识运用能力，提升了学生的综合素质。

（二）培养了创新意识

大学生创新创业大赛积极响应李克强总理"大众创业、万众创新"的号召，自开赛以来全国有上百万大学生参与到科技创新创业中来。学校为大学生提供了创业的平台和孵化器，积极为大学生做好后勤保障工作。实践证明，大学生在参赛完成创业项目的过程中不断协同合作，培养了创新意识，迸发出创新的火花，凸显了创新的活力与激情。

（三）提高了就业能力

大学生在比赛过程中，通过完成相应的项目提高了专业水平，增加了知识的深度和广度，将课堂上学到的理论知识应用于实践中，融会贯通。创新创业大赛包括项目展示答辩环节，需要参赛者就评审专家的提问做出实时回答，这有助于提高学生的应变能力。通过参加创业大赛，大学生在言谈举止、着装、回答问题的技巧等方面均可得到锻炼和提升，最终提高就业能力。

第二节　中国"互联网＋"大学生创新创业大赛——计划与启动

一、华东师范大学举办大赛的可行性

（一）优势

华东师范大学举办中国"互联网＋"大学生创新创业大赛的主要优势有以下几点。

第一，华东师范大学的学生对于中国"互联网＋"大学生创新创业大赛的参与热情在不断增加。以华东师范大学参赛项目的数量为例，参与 2015 年第一届大赛的有 19 个项目，到 2017 年第三届时则有 94 个参赛项目，项目数量增长了近 4 倍，这可以反映出华东师范大学的学生对大赛的参与热情不断高涨。

第二，华东师范大学拥有自己的创新创业导师人才库，可以为华东师范大学大赛的参赛项目做出有效指导。2017 年 10 月，华东师范大学推荐的 30 位创新创业导师入选"全国万名优秀创新创业导师人才库首批入库导师名单"。这 30 位导师中有 16 位来自华东师范大学本校，另外 14 位分别来自各个企业，这 14 位来自企业的创业导师所在公司的业务经营范围主要包括"私募投资基金业务"、"微波及毫米波器件、组件、模块及微系统的设计、生产、销售和技术服务"、"现代生物医药健康产业"、"计算机及配件、机电设备、电子元器件的销售"、"企业管理信息咨询服务以及人才培训"、"众创空间经营管理、投资管理、资产管理、物业管理等"、"软件与电子线路板的设计、研发，多媒体移动信息终端技术等"、"机器学习与人工智能技术的研发与推广工作"、"供应链管理、仓储服务"等。

从创业导师所在公司的业务经营范围看，华东师范大学的 14 位校外创新创业导师主要来自制造业、信息技术服务业、商务服务业、公共服务业等。由此可看出，华东师范大学校内导师和校外导师的专业性以及个人背景的多样性为华东师范大学开展中国"互联网+"大学生创新创业大赛建立了优势。

第三，华东师范大学开设了创新创业通识类课程以及创新创业专业类课程等，以培养学生的创新创业思维和创新创业能力。一方面，对华东师范大学的学生进行创新创业课程的讲授，使学生在参与中国"互联网+"大学生创新创业大赛等竞赛时具备更为系统的创新创业技能与知识，同时为其参赛项目提供更为强大的理论基础。另一方面，华东师范大学通过举办中国"互联网+"大学生创新创业大赛等竞赛，达到以赛促教的目的，不断锻炼与提升华东师范大学的学生规划其所学学科或相近学科的相关产业项目并有效实施的能力。创新创业课程与创新创业大赛相辅相成，都为提升华东师范大学学生的创新精神和创业能力发挥积极作用。

第四，华东师范大学着力加强建设和完善实践基地，为大赛的参赛项目提供培育、一站式孵化的服务。华东师范大学目前有三个孵化基地，一个是位于金沙江路上的华东师范大学国家大学科技园，另外两个分别是位于闵行校区附近的吴泾科技园和紫竹科技园。其中，紫竹科技园是适合文创类创业项目的小型孵化园，而华东师范大学国家大学科技园则可以满足需要大型场地的科创项目的入驻需求。

（二）机会

华东师范大学在举办大赛时除了拥有上述内部优势外，同时也有外部机会。

首先，华东师范大学举办大赛是顺应时代潮流之举，得到了国家和社会的支持。李克强总理提出"大众创业、万众创新"，大学生是创新创业的主力军，国家出台了许多相关文件以促进高校创新创业教育进一步深化改革。例如，2015年发布的《国务院办公厅关于深化高等学校创新创业教育改革的实施意见》指出要开展全国大学生创新创业大赛。

其次，华东师范大学所处的地理位置十分优越。华东师范大学地处中国超大城市上海，当地经济发达、政策开放，为华东师范大学大赛项目成果的孵化与培育等奠定了基础。例如，上海市就业促进中心发布了《关于进一步完善本市创业扶持政策的操作意见》，以更好地为本市高校在校生及毕业生提供创业支持等。

最后，目前大学生就业难，反而对大学生创业起到一定程度的倒逼作用，从而一定程度上能够促进华东师范大学的学生参与大赛。在2018届全国普通高校毕业生就业创业工作网络视频会议上，教育部党组成员、副部长林蕙青强调2018届全国普通高校毕业生达820万人，再创近五年来新高。就业形势严峻，就业岗位稀缺，高校毕业生或许可以通过自主创业的方式来促进就业，同时为社会创造出更多的就业岗位以带动更多的人就业。

（三）劣势

除了上述的优势和机会，华东师范大学在举办中国"互联网＋"大学生创新创业大赛时存在以下三个方面的劣势。

第一，华东师范大学的学校类型。华东师范大学虽然是综合性大学，但它以师范类等文科专业见长。因此，从专业特长考虑，它更擅长理论研究，在实践操作方面比较薄弱。中国"互联网＋"大学生创新创业大赛的评价标准更倾向于参赛项目的实践操作，因而华东师范大学在学校专业特长方面处于不利局面。

第二，华东师范大学的学校类型，影响了华东师范大学的师资专业结构。华东师范大学是一所研究型大学，虽然拥有30位创新创业教育导师，但是他们大都是研究型人才，并不擅长创业以及指导创业。因此，这也成为华东师范大学举办中国"互联网＋"大学生创新创业大赛的劣势之一。

第三，华东师范大学的学校类型与创新创业师资的缺乏，进一步造成学生在中国"互联网＋"大学生创新创业大赛中的实际参与率不高。虽然华东师范大学的学生对于参与大赛的热情正在不断高涨，但是其参与人数占在校总人数的百分比仍很小。截至2017年9月，华东师范大学的在校全日制专科生共有4人，本科生共有15089人，在校研究生共有18571人，在校留学生共有2342人。然而，华东师范大学第三届中国"互联网＋"大学生创新创业大赛的参赛总人数只有454人，其中还包括已经毕业的学生。因此，第三届大赛华东师范大学的学生参与人数占在校学生总人数的比例不足1.26%。由此可看出，华东师范大学的实际参赛学生数少也是阻碍大赛发挥出应有效果的因素之一。

（四）威胁

就外部环境来看，华东师范大学在举办大赛的过程中面临以下几点威胁。

第一，华东师范大学的创新创业教育仍处于初级阶段。相较于一些偏理工科的院校，华东师范大学的创新创业教育，包括创新创业课程的设置与开展以及对学生创业意识的激发上仍处在探索阶段。同时，华东师范大学其他创新创业教育形式的不足和缺失，使华东师范大学的学生在创新创业意识和能力方面明显不足，从而致使华东师范大学的学生在参与大赛时竞争力较弱，进而给大赛的举办带来不利影响。

第二，华东师范大学在获取大赛资源等方面能力的不足也成为其参赛项目竞争力不强的原因。一方面，在创新创业资金投入方面，受限于华东师范大学的学科结构，其创新创业项目缺乏核心技术支撑，因而创新创业项目能够吸引的创新创业风险基金和社会支持性政策资金较少。另一方面，创业孵化园、创业基地的建设和完善相对滞后，也在一定程度上限制了华东师范大学在举办大赛时向更高层次、更高水平发展。

综上所述，华东师范大学在举办中国"互联网+"大学生创新创业大赛的过程中会有优势与机会，但也存在劣势与威胁。因此，华东师范大学要充分利用学生不断高涨的创新创业热情、自身的创新创业导师人才库等优势，优化创新创业教育课程体系、建立创新创业基地。同时，弥补自身在学校类型、创新创业教育师资结构、创新创业大赛的学生实际参赛率不高等方面的不足，回避外界竞争的威胁，提高获取创新创业资源的能力，使自身的创新创业大赛乃至创新创业教育向更高层次发展。

二、对华东师范大学大赛主题与目的的分析

对中国"互联网+"大学生创新创业大赛进行主题和目的分析是大赛在计划与启动阶段中非常重要的一项工作。只有明确大赛的主题和目的，才能使大赛的举办有方向、有依据。大赛的主题和目的也关系到社会各界对大赛效果的评价等工作。

（一）主题分析

一个好的大赛主题可以提升大赛的关注度，吸引更多的学生参赛，同时大赛的主题具有指明大赛活动方向、确定大赛开展的主要内容等作用。中国"互联网+"大学生创新创业大赛的主题如表5-4所示。

表5-4 中国"互联网+"大学生创新创业大赛的历届主题

年 份	届 数	主 题
2015	第一届	"互联网+"成就梦想，创新创业开辟未来
2016	第二届	拥抱"互联网+"时代，共筑创新创业梦想
2017	第三届	搏击"互联网+"新时代，壮大创新创业生力军

续 表

年 份	届 数	主 题
2018	第四届	勇立时代潮头敢闯会创，扎根中国大地书写人生华章
2019	第五届	感为人先放飞青春梦，勇立潮头建功新时代
2020	第六届	我敢闯，我会创
2021	第七届	我敢闯，我会创
2022	第八届	我敢闯，我会创

如上表所示，从大赛主题的表述来看，"互联网＋"由主语变为宾语，由"拥抱'互联网＋'"变为"搏击'互联网＋'"。这种表述的转变，暗示了中国"互联网＋"大学生创新创业大赛对当代大学生的期许：作为当代大学生，其处在"互联网＋"这样一个新时代，应该从被动地适应转变为主动地搏击。同时，"互联网＋"时代也给大学生创新创业带来了契机，使得大学生创新创业不再是梦想，而是可以脚踏实地完成的目标。

然而，本书在对参赛学生的访谈中了解到，华东师范大学大多数的参赛学生不清楚本届大赛的主题，即使极个别知道大赛主题的参赛学生也表示，大赛的主题对其参赛并没有太大的启发和引领作用。因此，可以说，中国"互联网＋"大学生创新创业大赛在主题设置上不能很好地起到吸引学生参赛的作用。

（二）目的分析

第八届中国"互联网＋"大学生创新创业大赛的目的延续了往届大赛的目的——旨在深化高等教育综合改革，激发大学生的创造力，培养造就"大众创业、万众创新"的主力军，推动赛事成果转化和产学研用紧密结合，促进"互联网＋"新业态形成，服务经济提质增效升级；以创新引领创业、创业带动就业，推动高校毕业生进行更高质量的创业就业。高校要继续以中国"互联网＋"大学生创新创业大赛为高等教育改革的抓手，积极探索教育教学改革实践。高校要通过举办中国"互联网＋"大学生创新创业大赛，提升高校大学生的创新创业激情，展示高校开展创新创业教育所取得的成果，尽快构建使创新创业项目与社会投资对接的平台。

华东师范大学对中国"互联网＋"大学生创新创业大赛的目的并未作出过多的解读。尽管对于高校来说，举办大赛有一个需要达到的比较宏观的目的，然而，这个目的不够细化，同时大赛目的的设置在学生个人成长方面的表述是缺失的。

三、华东师范大学举办大赛的需求

（一）学校需求

华东师范大学十分重视大学生就业，其在制定学校"十三五"规划时，把"推进创新创业教育改革"作为重要内容，将提高学生的创新创业精神和意识、社会责任感作为核心，重点改革现有教育课程体系和人才培养模式，以华东师范大学的校内外创新创业实践孵化基地为载体，开设"创业管理"专业并在人才培养的全过程中融入创新创业教育，着力推动华东师范大学创新创业教育的改革工作，使华东师范大学的人才培养质量及学生的创新创业能力得到全面提升。大赛是华东师范大学人才培养以及创新创业教育体系改革中十分重要的部分，办好大赛，对华东师范大学来说可以以赛促教、以赛促改，检验华东师范大学创新创业人才培养成果以及创新创业教育成果，同时，在大赛中磨炼华东师范大学学生的创新创业项目，提升他们的创新创业能力与品质。另外，"互联网+"创新创业项目的发展空间更大而启动资金相对较少，其比较能迎合这一代大学生的喜好。更重要的是，"互联网+"符合当前互联网、移动互联网等高速发展的社会趋势。因此，华东师范大学对举办大赛的需求非常强烈。

（二）学生需求

当今社会需要高校大学生成长为创新型人才、创业型人才，所以创新创业能力是大学生需要具备的品质。然而，本书对华东师范大学未参加第三届大赛的学生进行问卷调查后发现，学生的参赛意愿较低，如表5-5所示。因此，只有激发学生方的需求，才可以更好地提升大赛效果。

表5-5　未参赛学生参赛意愿分布表

参赛意愿	人　数	百分比
非常不愿意	14	7.3
比较不愿意	44	22.9
一般	101	52.6
比较愿意	29	15.1
非常愿意	4	2.1
总计	192	100

从调查结果来看，对参赛持无所谓态度的未参赛学生最多，"比较愿意"参赛和"非常愿意"参赛的学生总共占17.2%，"非常不愿意"参赛和"比较不愿意"参赛的学生总共占30.2%，即从总体来看，不愿意参赛的学生比愿意参赛的学生要多。另外，从表5-5可以发现，华东师范大学的大部分学生对参赛持一般态度，说明其参赛意愿并不是很强烈。但是，如果华东师范大学的大赛能有足够的吸引力且能满足学生的预期，那么这些对参赛持一般态度的学生就会成为参赛的潜在群体。因此，可以说，华东师范大学的学生对于大赛的参赛需求还是存在的，但是他们的参赛意愿并不高，这就需要华东师范大学按照学生的具体需求，通过大赛诸多的相关措施来激励并吸引学生参赛。

第三节　中国"互联网＋"大学生创新创业大赛——组织与实施

一、大赛的管理机构

（一）华东师范大学创新创业教育管理体系

华东师范大学由教育部直属，是教育部与上海市人民政府共建的综合性研究型大学。华东师范大学按照国家相关政策文件的指示精神，从建立并完善本科生创新创业训练体系、打造学校学院二级管理机制、增进校内多个部门共同联动、搭建创新创业成果校内校外交流和展示平台、完善创新创业经费支持系统和优化创新创业制度保障等方面，多维度、全方位地推进高校创新创业教育改革实践。

华东师范大学的创新创业教育管理体系可以分为纵向管理体系和横向管理体系两个部分，如图 5-1 所示。

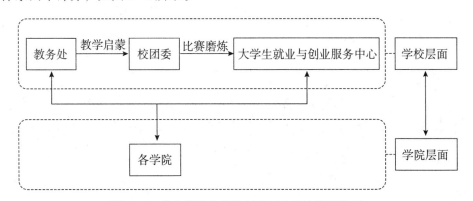

图 5-1　华东师范大学的创新创业教育管理体系

华东师范大学创新创业教育的纵向管理体系，分为学校层面和学院层面。其中，学校层面主要由教务处、校团委以及大学生就业与创业服务中心三个部门构建了横向管理机制。教务处的任务主要体现在创新创业教育的最初阶段，即教务处通过合理规划与安排相应的课程，实现对大学生创新创业教育的启蒙。同时，教务处作为创新创业相关实验实训项目的负责主体，需要发布包括校级、市级、国家级比赛等许多相关的报名信息，主要承担对学生在创新创业理论研究以及创新创业概念研究方面的指导责任。随后，这些实验实训项目会通过比赛进行打磨，项目比赛的组织与举办主要由校团委负责。在大多数高校中，所有与创新创业相关的竞赛都是由校团委负责的，如"挑战杯"中国大学生创业计划竞赛、"创青春"全国大学生创业大赛，以及中国"互联网+"大学生创新创业大赛，然而华东师范大学的中国"互联网+"大学生创新创业大赛除了第一届是由校团委主办的，第二届以及第三届大赛都是由大学生就业与创业服务中心主办的。学生的创新创业项目在经过各种大赛的比拼以后，会产生一些理论基础扎实、具有可操作性的获奖项目，并且可以通过申请学校、上海市及国家的资助基金，进行项目的落地转化以及进一步的发展扩大。总之，华东师范大学对学生创新创业项目培养的设想是根据学校的整体安排，要求所有由教务处负责培养的实验实训项目全部参加相应的"挑战杯"、"创青春"等类型的比赛，经过比赛的打磨之后进一步参加中国"互联网+"大学生创新创业大赛。这个培养设想是符合大学生创新创业项目的发展过程的，即先有创新创业意识，然后对创新创业意识进行基础实践，最后对创新创业项目进行具体运营。

学院层面，在教师职称晋升中应适当考虑教师在创新创业项目指导等方面的工作量，以此激励各个学院的教师和管理人员投身本科生以及研究生的科创工作。另外，在创新创业工作中，学院要注重对典型案例进行科学公正的遴选评优。例如，每年举办创新创业教育成果表彰大会，以此激励指导教师与大学生参与到创新创业大赛中，同时，这样做还起到对创新创业大赛的宣传作用。

（二）大赛组委会

由上述可知，华东师范大学的创新创业教育实行纵向和横向相结合的管理体系。因此，其在中国"互联网+"大学生创新创业大赛的管理上也采用同样的方法，即在学校层面设立大赛组委会，以学院为单位收集大赛参赛项目并上报学校。本书着重对学校层面的大赛管理机构进行分析。

华东师范大学在2017年3月开始组织校内参赛项目的预审工作，早于国家发布大赛通知的时间，整个赛程从3月开始筹备比赛到9月比赛结束，历经了将近半年的时间。华东师范大学在学校层面出台了一份有关第三届中国"互联网+"大学生创新创业大赛的文件，但是对大赛的具体实施方案并没有明确规定。大赛组委会是大赛的主要管理机构，华东师范大学第三届大赛的组委会构成如图 5-2 所示。

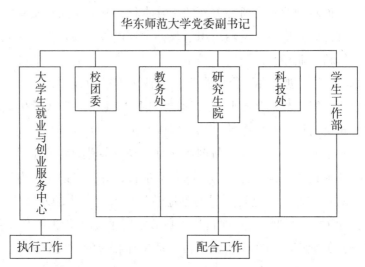

图 5-2 华东师范大学第三届中国"互联网＋"大学生创新创业大赛组委会构成图

由上图可知，华东师范大学第三届中国"互联网＋"创新创业大赛的组委会是由负责学生工作的学校党委副书记担任领导，由华东师范大学大学生就业与创业服务中心、校团委、教务处、研究生院、科技处、学生工作部等相关职能部门的负责人作为主要成员，负责大赛的举办工作。同时，大赛组委会邀请来自各行业企业、各创投风投机构、各高校和科研院所的专家作为大赛评委，共同指导华东师范大学学生的创新创业活动。

华东师范大学的大学生就业与创业服务中心负责组织第三届中国"互联网＋"大学生创新创业大赛的工作，其他部门则配合工作，但每个部门在大赛中的具体工作并不明确。其实，对于像中国"互联网＋"大学生创新创业大赛这样规格的比赛，基本上需要集合全校的力量去组织操作，学校相关的部门也都会参加，只不过在不同的比赛中每个部门所扮演的角色不一样。因此，华东师范大学举办中国"互联网＋"大学生创新创业大赛实际上是一个对学校资源进行整合的过程。虽然华东师范大学试图在大学生创新创业项目培养规划设计上将教务处、校团委、大学生就业与创业服务中心三个部门的培养渠道疏通，即让所有创新创业项目都经过创新创业意识的培养、"挑战杯"和"创青春"等比赛的磨炼后再参加中国"互联网＋"大学生创新创业大赛，但实际上，教务处、校团委以及大学生就业与创业服务中心这三个部门在项目培养上是缺乏承接性的。例如，在第三届大赛的所有参赛项目中，没有一个项目是从教务处负责的大学生创新创业训练计划中发展而来的，只有少数项目经历过"挑战杯"等比赛的打磨。因为华东师范大学创新创业教育的脱节导致参与不同创新创业教育阶段的学生其参赛的初衷是不一样的，所以，华东师范大学在每个阶段都需要重新对报名项目进行筛选和完善。

二、大赛对未参赛学生激励情况的因子分析

（一）发展导向维度的因子分析

1. 未参赛学生激励效价的发展导向维度因子分析

未参赛学生的激励效价在发展导向维度中共有 12 个指标。首先，对该维度是否适合做因子分析进行判断。从 KMO 和巴特利特球形检验中（如表 5-6 所示）可以看出，KMO 值为 0.821，且显著性为 0。因此，激励效价在发展导向维度上适合做因子分析。

表 5-6　未参赛学生激励效价的发展导向维度的 KMO 和巴特利特球形检验

KMO 取样适切性量数		0.821
巴特利特球形检验	近似卡方	1054.489
	自由度	66.000
	显著性	0

该维度提取了 3 个公因子，第一个公因子包含 5 个变量，第二个公因子包含 4 个变量，第三个公因子包含 3 个变量。由于变量分布较为分散，难以根据其内容进行统一命名，因而将其分别编号为公因子 C_1、公因子 C_2、公因子 C_3。这 3 个公因子解释方差的百分比是 64.29%（如表 5-7 所示）。因此，未参赛学生激励效价的发展导向维度适合进行因子分析。

表 5-7　未参赛学生激励效价的发展导向维度公因子解释的总方差

成　分	旋转载荷平方和		
	总　计	方差百分比	累计方差百分比
1	3.058	25.486	25.486
2	2.921	24.342	49.828
3	1.735	14.462	64.290

参照成分得分系数矩阵（如表5-8所示），分别计算3个公因子的得分。

表5-8　未参赛学生激励效价的发展导向维度成分得分系数矩阵

未参赛学生激励效价的发展导向的维度指标	成　分		
	1	2	3
10a. 参赛可以使我提高创业相关领域的业务水平	0.028	0.212	−0.087
11a. 参赛可以使我更加了解创业政策	0.369	−0.201	0.078
12a. 参赛可以使我享受创业相关的扶持优惠政策	0.424	−0.260	−0.012
13a. 参赛可以使我明确我的创业项目的市场竞争力	0.203	0.065	−0.066
14a. 参赛可以使我发现我的创业项目的不足之处	0.206	0.038	−0.066
15a. 参赛可以使我更加明确未来创业项目的发展方向	−0.079	0.340	−0.145
16a. 参赛可以为我提供创业经验的交流平台	−0.285	0.438	0.099
17a. 参赛可以为我提供创业知识和经验的培训与学习机会	−0.120	0.314	0.068
18a. 参赛可以使我获得创业导师的指导和帮助	0.184	0.013	−0.057
19a. 参赛可以使我提高实践能力	−0.048	−0.020	0.474
20a. 参赛可以使我结识更多的朋友	−0.030	−0.069	0.537
21a. 参赛可以为我积累并拓展创业人脉	0.078	0.031	0.201

其中：

$C_1 = 0.028 \times 10a + 0.369 \times 11a + 0.424 \times 12a + 0.203 \times 13a + 0.206 \times 14a - 0.079 \times 15a - 0.285 \times 16a - 0.120 \times 17a + 0.184 \times 18a - 0.048 \times 19a - 0.030 \times 20a + 0.078 \times 21a$；

$C_2 = 0.212 \times 10a - 0.201 \times 11a - 0.260 \times 12a + 0.065 \times 13a + 0.038 \times 14a + 0.340 \times 15a + 0.438 \times 16a + 0.314 \times 17a + 0.013 \times 18a - 0.020 \times 19a - 0.069 \times 20a + 0.031 \times 21a$；

$C_3 = -0.087 \times 10a + 0.078 \times 11a - 0.012 \times 12a - 0.066 \times 13a - 0.066 \times 14a - 0.145 \times 15a + 0.099 \times 16a + 0.068 \times 17a - 0.057 \times 18a + 0.474 \times 19a + 0.537 \times 20a + 0.201 \times 21a$。

此时，本书已将12个指标简化为3个指标，接着对这3个指标进行加权平均，得到未参赛学生激励效价的发展导向维度总指标C。计算3个公因子的权重得C_1的权重为0.40，C_2的权重为0.38，C_3的权重为0.22，由此可得未参赛学生激励效价的发展导向维度总指标$C = 0.40 \times C_1 + 0.38 \times C_2 + 0.22 \times C_3$。

2.未参赛学生激励期望值的发展导向维度因子分析

　　未参赛学生激励期望值的发展导向维度中共有 12 个指标，首先对该维度是否适合做因子分析进行判断。从 KMO 和巴特利特球形检验中（如表 5-9 所示）可以看出，KMO 值为 0.845，且显著性为 0。因此，可以看出，激励期望值在发展导向维度上适合做因子分析。

表 5-9　未参赛学生激励期望值的发展导向维度的 KMO 和巴特利特球形检验

KMO 取样适切性量数	0.845
巴特利特球形检验　近似卡方	1123.850
自由度	66.000
显著性	0

　　该维度提取了 3 个公因子，第一个公因子包含 6 个变量，第二个公因子包含 4 个变量，第三个公因子包含 2 个变量。由于变量分布较为分散，难以根据其内容进行统一命名，因而对其分别编号为公因子 D_1、公因子 D_2、公因子 D_3。这 3 个公因子解释方差的百分比是 66.327%（如表 5-10 所示）。因此，未参赛学生激励期望值的发展导向维度适合进行因子分析。

表 5-10　未参赛学生激励期望值的发展导向维度公因子解释的总方差

成　分	旋转载荷平方和		
	总　计	方差百分比	累计方差百分比
1	3.344	27.868	27.868
2	2.655	22.128	49.996
3	1.960	16.331	66.327

　　参照成分得分系数矩阵（如表 5-11 所示），分别计算 3 个公因子的得分。

表 5-11　未参赛学生激励期望值的发展导向维度成分得分系数矩阵

未参赛学生激励期望值的发展导向维度指标	成　分		
	1	2	3
10b. 参赛可以使我提高创业相关领域的业务水平	0.176	−0.075	0.105
11b. 参赛可以使我更加了解创业政策	−0.218	0.025	0.551

未参赛学生激励期望值的发展导向维度指标	成 分		
	1	2	3
12b. 参赛可以使我享受创业相关的扶持优惠政策	−0.025	−0.197	0.525
13b. 参赛可以使我明确我的创业项目的市场竞争力	0.067	0.038	0.157
14b. 参赛可以使我发现我的创业项目的不足之处	0.009	0.124	0.145
15b. 参赛可以使我更加明确未来的创业项目发展方向	0.289	−0.053	−0.059
16b. 参赛可以为我提供创业经验的交流平台	0.349	−0.062	−0.159
17b. 参赛可以为我提供创业知识和经验的培训与学习机会	0.334	−0.131	−0.078
18b. 参赛可以使我获得创业导师的指导和帮助	0.157	0.179	−0.214
19b. 参赛可以使我提高实践能力	−0.035	0.311	−0.039
20b. 参赛可以使我结识更多的朋友	−0.155	0.447	−0.103
21b. 参赛可以为我积累并拓展创业人脉	−0.083	0.332	−0.005

其中：

$D_1 = 0.176 \times 10b - 0.218 \times 11b - 0.025 \times 12b + 0.067 \times 13b + 0.009 \times 14b + 0.289 \times 15b + 0.349 \times 16b + 0.334 \times 17b + 0.157 \times 18b - 0.035 \times 19b - 0.155 \times 20b - 0.083 \times 21b$；

$D_2 = -0.075 \times 10b + 0.025 \times 11b - 0.197 \times 12b + 0.038 \times 13b + 0.124 \times 14b - 0.053 \times 15b - 0.062 \times 16b - 0.131 \times 17b + 0.179 \times 18b + 0.311 \times 19b + 0.447 \times 20b + 0.332 \times 21b$；

$D_3 = 0.105 \times 10b + 0.551 \times 11b + 0.525 \times 12b + 0.157 \times 13b + 0.145 \times 14b - 0.059 \times 15b - 0.159 \times 16b - 0.078 \times 17b - 0.214 \times 18b - 0.039 \times 19b - 0.103 \times 20b - 0.005 \times 21b$。

此时，本书已将12个指标简化为3个指标，接着对这3个指标进行加权平均，得到未参赛学生激励期望值的发展导向维度总指标 D。计算三个公因子的权重得 D_1 的权重为 0.42，D_2 的权重为 0.33，D_3 的权重为 0.25，由此可得未参赛学生激励期望值的发展导向维度总指标 $D = 0.42 \times D_1 + 0.33 \times D_2 + 0.25 \times D_3$。

（二）组织导向维度的因子分析

1. 未参赛学生激励效价的组织导向维度因子分析

未参赛学生激励效价的组织导向维度中共有 11 个指标，首先对该维度是否适合做因子分析进行判断。从 KMO 和巴特利特球形检验中（如表 5-12 所示）可以看出，KMO 值为 0.806，且显著性为 0。因此，激励效价在组织导向维度上适合做因子分析。

表 5-12　未参赛学生激励效价的组织导向维度的 KMO 和巴特利特球形检验

KMO 取样适切性量数	0.806
巴特利特球形检验　近似卡方	1030.477
自由度	55.000
显著性	0

该维度提取了 3 个公因子，第一个公因子包含 6 个变量，第二个公因子包含 3 个变量，第三个公因子包含 2 个变量。由于变量分布较为分散，难以根据其内容进行统一命名，因而将其分别编号为公因子 E_1、公因子 E_2、公因子 E_3。这 3 个公因子解释方差的百分比是 66.076%（如表 5-13 所示）。因此，未参赛学生激励效价的组织导向维度适合进行因子分析。

表 5-13　未参赛学生激励效价的组织导向维度公因子解释的总方差

成　分	旋转载荷平方和		
	总　计	方差百分比	累计方差百分比
1	3.579	32.533	32.533
2	2.120	19.278	51.811
3	1.569	14.265	66.076

参照成分得分系数矩阵（如表 5-14 所示），分别计算 3 个公因子的得分。

表 5-14　未参赛学生激励效价的组织导向维度成分得分系数矩阵

未参赛学生激励效价的组织导向维度指标	成　分		
	1	2	3
22a. 比赛过程公平公正公开	0.261	0.164	−0.420
23a. 我所参加的大赛与其他同类型大赛相比有独特性	0.135	0.257	−0.291

续　表

未参赛学生激励效价的组织导向维度指标	成　分		
	1	2	3
24a. 比赛评价标准统一且合理	0.260	−0.083	−0.006
25a. 所有参与者诚信比赛	0.269	−0.139	0.072
26a. 比赛组织正规、有序且设置合理	0.256	−0.138	0.091
27a. 参赛可以使我更加明确未来的创业项目发展方向	0.188	−0.067	0.133
28a. 大赛宣传工作能引起我的兴趣	−0.036	−0.084	0.505
29a. 大赛主题、定位等与我的项目相符	−0.102	0.233	0.225
30a. 参赛不会影响我正常的学习、工作、生活等	−0.095	0.442	0.024
31a. 参赛不会成为我的负担	−0.106	0.473	0.086
32a. 参赛对我来说有一定的挑战性	−0.098	−0.060	−0.498

其中：

E_1=0.261×22a+0.135×23a+0.260×24a+0.269×25a+0.256×26a+0.188× 27a−0.036×28a−0.102×29a−0.095×30a−0.106×31a−0.098×32a ;

E_2=0.164×22a+0.257×23a−0.083×24a−0.139×25a−0.138×26a− 0.067×27a−0.084×28a+0.233×29a+0.442×30a+0.473×31a−0.060×32a ;

E_3=−0.420×22a−0.291×23a−0.006×24a+0.072×25a+0.091×26a+0.133× 27a+0.505×28a+0.225×29a+0.024×30a+0.086×31a−0.498×32a。

此时，本书已将 11 个指标简化为 3 个指标，接着通过对这 3 个指标进行加权平均，得到未参赛学生激励效价的组织导向维度总指标 E。计算 3 个公因子的权重得 E_1 的权重为 0.49，E_2 的权重为 0.29，E_3 的权重为 0.22，由此可得未参赛学生激励效价的组织导向维度总指标 E=0.49×E_1+0.29×E_2+0.22×E_3。

2. 未参赛学生激励期望值的组织导向维度因子分析

未参赛学生激励期望值的组织导向维度中共有 11 个指标，首先对该维度是否适合做因子分析进行判断。从 KMO 和巴特利特球形检验中（如表 5-15 所示）可以看出，KMO 值为 0.794，且显著性为 0。因此，激励期望值在组织导向维度上适合做因子分析。

表 5-15 未参赛学生激励期望值的组织导向维度的 KMO 和巴特利特球形检验

KMO 取样适切性量数	0.794
巴特利特球形检验 近似卡方	964.119
自由度	55.000
显著性	0

该维度提取了 3 个公因子，第一个公因子包含 6 个变量，第二个公因子包含 2 个变量，第三个公因子包含 3 个变量。由于变量分布较为分散，难以根据其内容进行统一命名，因而将其分别编号为公因子 F_1、公因子 F_2、公因子 F_3。这 3 个公因子解释方差的百分比是 67.52%（如表 5-16 所示）。因此，未参赛学生激励期望值的组织导向维度适合进行因子分析。

表 5-16 未参赛学生激励期望值的组织导向维度公因子解释的总方差

成 分	旋转载荷平方和		
	总 计	方差百分比	累计方差百分比
1	3.738	33.983	33.983
2	2.050	18.633	52.616
3	1.639	14.904	67.520

参照成分得分系数矩阵（如表 5-17 所示），分别计算 3 个公因子的得分。

表 5-17 未参赛学生激励期望值的组织导向维度成分得分系数矩阵

未参赛学生激励期望值的组织导向维度指标	成 分		
	1	2	3
22b. 比赛过程公平公正公开	0.207	−0.112	0.049
23b. 我所参加的大赛与其他同类型大赛相比有独特性	−0.068	−0.253	0.630
24b. 比赛评价标准统一且合理	0.235	−0.003	−0.041
25b. 所有参与者诚信比赛	0.246	−0.009	−0.070
26b. 比赛组织正规、有序且设置合理	0.216	−0.047	0.073
27b. 参赛可以使我更加明确未来的创业项目发展方向	0.238	0.073	−0.142

未参赛学生激励期望值的组织导向维度指标	成　分		
	1	2	3
28b. 大赛宣传工作能引起我的兴趣	−0.080	0.117	0.391
29b. 大赛主题、定位等与我的项目相符	−0.051	0.108	0.379
30b. 参赛不会影响我正常的学习、工作、生活等	−0.024	0.483	−0.139
31b. 参赛不会成为我的负担	0.008	0.475	−0.148
32b. 参赛对我来说有一定的挑战性	0.154	0.042	−0.094

其中：

F_1=0.207×22b−0.068×23b+0.235×24b+0.246×25b+0.216×26b+0.238×27b−0.080×28b−0.051×29b−0.024×30b+0.008×31b+0.154×32b；

F_2=−0.112×22b−0.253×23b−0.003×24b−0.009×25b−0.047×26b+0.073×27b+0.117×28b+0.108×29b+0.483×30b+0.475×31b+0.042×32b；

F_3=0.049×22b+0.630×23b−0.041×24b−0.070×25b+0.073×26b−0.142×27b+0.391×28b+0.379×29b−0.139×30b−0.148×31b−0.094×32b。

此时，本文已将11个指标简化为3个指标，接着通过对这3个指标进行加权平均，得到未参赛学生激励期望值的组织导向维度总指标F。计算三个公因子的权重得F_1的权重为0.50，F_2的权重为0.28，F_3的权重为0.22，由此可得未参赛学生激励期望值的组织导向维度总指标F=0.50×F_1+0.28×F_2+0.22×F_3。

（三）团队导向维度的因子分析

1. 未参赛学生激励效价的团队导向维度因子分析

未参赛学生的激励效价在团队导向维度中共有7个指标，首先对该维度是否适合做因子分析进行判断。从KMO和巴特利特球形检验中（如表5-18所示）可以看出，KMO值为0.854，且显著性为0。因此，激励效价在团队导向维度上适合做因子分析。

表 5-18 未参赛学生激励效价的团队导向维度的 KMO 和巴特利特球形检验

KMO 取样适切性量数	0.854
巴特利特球形检验 近似卡方	624.515
自由度	21.000
显著性	0

该维度提取了 2 个公因子，第一个公因子包含 5 个变量，第二个公因子包含 2 个变量。由于变量分布较为分散，难以根据其内容进行统一命名，因而将其分别编号为公因子 G_1、公因子 G_2。这 2 个公因子解释方差的百分比是 68.297%（如表 5-19 所示）。因此，未参赛学生激励效价的团队导向维度适合进行因子分析。

表 5-19 未参赛学生激励效价的团队导向维度公因子解释的总方差

成 分	旋转载荷平方和		
	总 计	方差百分比	累计方差百分比
1	3.593	51.331	51.331
2	1.188	16.966	68.297

参照成分得分系数矩阵（如表 5-20 所示），分别计算 2 个公因子的得分。

表 5-20 未参赛学生激励效价的团队导向维度成分得分系数矩阵

未参赛学生激励效价的团队导向维度指标	成 分	
	1	2
33a. 参赛可以让我为学校和我所在的集体争光	−0.139	0.824
34a. 自己所在团队内部成员结构合理、分工明确	0.197	0.080
35a. 自己所在团队内部成员相处融洽且沟通顺畅	0.259	−0.031
36a. 自己所在团队内部成员相互信任	0.237	0.035
37a. 自己所在团队内部成员有凝聚力	0.264	−0.212
38a. 自己所在团队内部成员能妥善解决成员间的冲突	0.209	0.060
39a. 参赛可以使我发挥所学专业特长	0.038	0.400

其中：

G_1=−0.139×33a+0.197×34a+0.259×35a+0.237×36a+0.264×37a+0.209×38a+0.038×39a；

G_2=0.824×33a+0.080×34a−0.031×35a+0.035×36a−0.212×37a+0.060×38a+0.400×39a。

此时，本文已将 7 个指标简化为 2 个指标，接着通过对这 2 个指标进行加权平均，得到未参赛学生激励效价的团队导向维度总指标 G。计算 2 个公因子的权重得 G_1 的权重为 0.75，G_2 的权重为 0.25，由此可得未参赛学生激励效价的团队导向维度总指标 G=0.75×G_1+0.25×G_2。

2. 未参赛学生激励期望值的团队导向维度因子分析

未参赛学生激励期望值的团队导向维度中共有 7 个指标，首先对该维度是否适合做因子分析进行判断。从 KMO 和巴特利特球形检验中（如表 5-21 所示）可以看出，KMO 值为 0.851，且显著性为 0。因此，激励期望值在团队导向维度上适合做因子分析。

表 5-21　未参赛学生激励期望值的团队导向维度的 KMO 和巴特利特球形检验

KMO 取样适切性量数	0.851
巴特利特球形检验　近似卡方	848.956
自由度	21.000
显著性	0

该维度提取了 2 个公因子，第一个公因子包含 6 个变量，第二个公因子包含 1 个变量。由于变量分布较为分散，难以根据其内容进行统一命名，因而分别编号为公因子 H_1、公因子 H_2。这两个公因子解释方差的百分比是 74.022%（如表 5-22 所示）。因此，未参赛学生激励期望值的团队导向维度适合进行因子分析。

表 5-22　未参赛学生激励期望值的团队导向维度公因子解释的总方差

成　分	旋转载荷平方和		
	总　计	方差百分比	累计方差百分比
1	4.152	59.318	59.318
2	1.029	14.704	74.022

参照成分得分系数矩阵（如表 5-23 所示），分别计算 2 个公因子的得分。

表5-23　未参赛学生激励期望值的团队导向维度成分得分系数矩阵

未参赛学生激励期望值的团队导向维度指标	成　分	
	1	2
33b. 参赛可以使我为学校和我所在的集体争光	−0.069	0.983
34b. 自己所在团队内部成员结构合理、分工明确	0.196	0.040
35b. 自己所在团队内部成员相处融洽且沟通顺畅	0.192	0.065
36b. 自己所在团队内部成员相互信任	0.224	−0.097
37b. 自己所在团队内部成员有凝聚力	0.230	−0.088
38b. 自己所在团队内部成员能妥善解决成员间的冲突	0.210	−0.061
39b. 参赛可以使我发挥所学专业特长	0.146	0.099

其中：

H_1=−0.069×33b+0.196×34b+0.192×35b+0.224×36b+0.230×37b+0.210×38b+0.146×39b；

H_2=0.983×33b+0.040×34b+0.065×35b−0.097×36b−0.088×37b−0.061×38b+0.099×39b。

此时，本文已将7个指标简化为2个指标，接着通过对这2个指标进行加权平均，得到未参赛学生激励期望值的团队导向维度总指标 H。计算2个公因子的权重得 H_1 的权重为0.80，H_2 的权重为0.20，由此可得未参赛学生激励期望值的团队导向维度总指标 H=0.80×H_1+0.20×H_2。

三、大赛参赛团队分析

（一）参赛团队获取参赛报名信息的方式

华东师范大学的大赛参赛团队获取参赛报名信息的方式可以反映出大赛的宣传渠道及其效果。华东师范大学宣传大赛所采用的主要渠道包括在学校显眼位置悬挂横幅等基础手段，以及通过学校官方微信公众号推送、学校网站发布通知等比较传统的方式进行宣传。除此之外，本书通过对大赛相关负责教师进行访谈了解到，在华东师范大学第三届大赛的参赛团队中，除了通过上述宣传途径吸引来的参赛团队之外，另外一部分是以往参加过同类型比赛的参赛团队，大赛负责教师是通过个别联系而使其报名参赛的。然而，从教务处对创新创业项目的培育到校团委对创新创业项目的磨炼，再到大学生就业与创业服务中心对创新创业项目的实践，华东师范大学对这 3 个环节的衔接处理得不够完善，导致每次举办创新创业大赛时，所负责的部门都需要相对独立地重新做一次项目的筛选，使工作效率下降。如果各创新创业赛事负责部门之间的工作能够衔接得当，那么在一定程度上就可以增加华东师范大学进入大赛省市复赛的参赛项目数，从而增加获奖概率[1]。

（二）参赛团队的人员构成分析

大赛将所有的参赛团队依照其报名参赛的项目类型分为创意组、初创组、成长组以及就业型创业组，在每个组的评审规则中都包含四个维度，分别是创新性、商业性、带动就业情况以及项目团队情况，在对不同的组别进行评分时，四个维度所占的比例有略微不同。可以看出，除了对参赛项目本身质量的考察外，参赛项目团队情况也是一项非常重要的考察指标。对参赛团队的考察，以创业团队内部结构和创业团队外部关系为重点，本文主要就创业团队的内部结构方面对 16 名参赛者进行访谈。

在这 16 名参赛者中，其所在团队成员总人数为 75 人，每个团队有 3 到 9 人不等，平均每个团队约有 4 个人。在性别结构方面，每个项目团队至少有 1 名男性，女性在 16 名参赛者各自所在的项目团队人数中所占的百分比最低为 0，最高为 66.7%。在学历结构方面，16 个团队中，本科生总共有 19 人，其中三年级 6 人、四年级 7 人、已毕业 6 人；硕士研究生总共有 52 人，其中二年级 31 人、三年级 15 人、已毕业 6 人；博士研究生总共有 4 人，其中一年级 1 人、二年级 1 人、已毕业 2 人。在这 16 个团队中，项目成员全部为本科生的团队有 3 个，全部为硕士研究生的有 9 个，由本科生和硕士研究生组成的团队有 1 个，由硕士研究生和博士研究生组成的团队有 2 个，由本科生、硕士研究生和博士研究生组成的团队有 1 个。在专业结构方面，本书所调查的 16 个团队中，项目成员的专业完全一致的有 8 个。在团队成员分工结构方面，基本上所有团队中的成员都有各自的分工，且分工方式大致分为三类：第一类是从参与比赛的角度分，如项目计划书的撰写、项目路演幻灯片的制作等；第二类是从实际运营的角度分，如总经理、财务总监、运营总监等；第三类是将第一类和第二类融合在一起分，如团队中既有负责参赛准备的成员，也有负责实际运营项目的成员。在参与访谈的 16 位参赛者中，其所在团队成员分工结构按

① 顿小红，蔡磊.基于"互联网 +"大赛的大学生创新创业教育模式探索 [J].科技视界，2021（20）.

第一类方式分的有6组，按第二类方式分的有4组，按第三类方式分的有6组。

第四节　中国"互联网＋"大学生创新创业大赛——收尾与总结

一、大赛的参赛项目概况及其所取得的成绩

第三届华东师范大学中国"互联网＋"大学生创新创业大赛共吸引了全校94个项目团队报名参赛。根据参赛项目所处的创业阶段、参赛项目已获得投资的情况以及参赛项目的特点等，大赛共分为创意组、初创组、成长组以及就业型创业组四个组别。在华东师范大学的参赛项目中，创意组共有72个项目，初创组共有15个项目，成长组共有2个项目，就业型创业组共有5个项目。第三届大赛的参赛项目共包含七种行业领域类型："互联网＋"现代农业、"互联网＋"信息技术服务、"互联网＋"制造业、"互联网＋"文化创意服务、"互联网＋"公共服务、"互联网＋"商务服务以及"互联网＋"公益创业。在上述七个行业领域中，"互联网＋"文化创意服务是本届大赛中新增加的类型，体现了国家及大赛组委会对文化产业的重视。华东师范大学在第三届大赛中的94个报名参赛项目其所属行业类型如表5-24所示。

表5-24　华东师范大学参赛项目所属行业领域类型

单位：项

行业领域	创意组	初创组	成长组	就业型创业组	总　计
"互联网＋"现代农业	21	3	0	2	26
"互联网＋"信息技术服务	17	7	1	1	26
"互联网＋"制造业	23	0	1	1	25
"互联网＋"文化创意服务	7	2	0	1	10
"互联网＋"公共服务	2	2	0	0	4
"互联网＋"商务服务	2	0	0	0	2
"互联网＋"公益创业	0	1	0	0	1
总计	72	15	2	5	94

由上表可知，华东师范大学在第三届大赛中的参赛项目行业领域主要集中在"互联网+"现代农业、"互联网+"信息技术服务以及"互联网+"制造业，分别占总项目数的27.66%、27.66%、26.60%。在创意组的72个项目中，"互联网+"制造业类型的项目数最多，共有23项，占整个创意组总项目数的31.94%；在初创组的15个项目中，"互联网+"信息技术服务类型的项目数最多，共有7项，占整个初创组总项目数的46.67%；在成长组的2个项目中，"互联网+"制造业类型和"互联网+"信息技术服务类型各占1项；在就业型创业组的5个项目中，"互联网+"现代农业类型的项目数最多，共有2项，占整个就业型创业组项目总数的40%。

华东师范大学的这94个项目，经过校赛专家的评审，共产生1个校赛特等奖，2个校赛一等奖，3个校赛二等奖，19个校赛三等奖，30个校赛优胜奖，其余项目授以参与奖以资鼓励。经过校赛的角逐，华东师范大学最后选送了5个项目（如表5-25所示）参加市级复赛，这5个项目在所有市赛参赛的项目中脱颖而出，最终获得1个市赛一等奖、2个市赛二等奖和2个市赛三等奖，并且华东师范大学获得市赛一等奖的项目晋级全国总决赛，最终获得银奖，这是华东师范大学在中国"互联网+"大学生创新创业大赛中所取得的历史最好成绩。

表5-25　华东师范大学"互联网+"大学生创新创业大赛进入市级复赛的项目情况

项目名称	组　别	行业领域	校赛名次	省（市）赛名次
云佛艺术——向"一带一路"沿线国家贡献中国宗教智慧	创意组	"互联网+"公益创业	特等奖	一等奖
有课互联	初创组	"互联网+"公共服务	一等奖	二等奖
傲梦青少儿编程教育	成长组	"互联网+"公共服务	一等奖	二等奖
假面小萌——虚拟形象短视频	初创组	"互联网+"文化创意服务	二等奖	三等奖
提供专业的糖尿病一站式服务	创意组	"互联网+"公共服务	二等奖	三等奖

从上表可知，进入市赛的5个项目中，在组别方面，2个属于创意组，2个属于初创组，1个属于成长组；在行业领域方面，3个属于"互联网+"公共服务，1个属于"互联网+"公益创业，1个属于"互联网+"文化创意服务。

华东师范大学对获奖项目除颁发校级获奖证书外，还给予了相应的物质奖励作为其创业启动资金，其中校级特等奖给予两万元人民币的奖励，校级一等奖给予一万元人民币的奖励，校级二等奖给予五千元人民币的奖励，校级三等奖给予两千元人民币的奖励，校级优胜奖给予三百元人民币的奖励。此外，华东师范大学对获得校赛特等奖的项目除了给予比赛奖金外，还颁发了20万元人民币作为其创业支持经费。除此之外，华东师范大学还在最大限度上帮助本校创业项目与社会资源进行对接。例如，华东师范大学将优先为大赛获奖项目提供落户孵化基地和使其免费使用办公场地等服务。

二、中国"互联网+"大学生创新创业大赛的改进措施

（一）明确并完善大赛的目标

为了深化创新创业教育改革，高校举办了中国"互联网+"大学生创新创业大赛。高校创新创业教育的效果具有双重性，对它的评价应该包含教师和学生两个方面。缺乏目标的评价是缺乏根据的，因而作为高校创新创业教育重要形式之一的中国"互联网+"大学生创新创业大赛其目标设置就显得尤为重要。

从高校层面看，高校需要针对创新创业人才不同的培养需求，明确大赛的侧重点。只有明确了赛事的整体侧重点，才能明确处于何种发展阶段的何种性质的项目更容易在大赛中获得评委的青睐。换言之，华东师范大学只有明确中国"互联网+"大学生创新创业大赛是更注重参赛项目的创意还是更注重参赛项目的实践，才能针对不同的侧重点来制定大赛在人才培养等方面的目标。由上文的分析可知，大赛更加注重参赛项目的实践情况。因此，高校应该明确大赛的目标是培养实践导向的创新创业型人才等，并在这些具体目标的引领下，继续细化能够促进或配合大赛开展的各项工作的目标。例如，细化创新创业教育课程、创新创业教育师资、创新创业教育基地等方面的改革目标。

本书主要从高校角度出发，研究大赛现有的举办目标。实际上，只有大赛的举办者与参与者，即高校与大学生都能通过大赛的举办取得一定的正向效果，大赛才算是成功的。因此，中国"互联网+"大学生创新创业大赛应该增加学生角度的目标说明。从学生角度而言，大赛的举办目标可以表达为提升大学生的创新创业能力、实践能力和综合素质，然后再针对创新创业能力、实践能力和综合素质进一步细化大赛的目标。增加大赛针对学生方面的目标，是为了将大赛的举办与大学生成长发展的需求相结合，激励学生参与到中国"互联

网＋"大学生创新创业大赛中来。

（二）提升参赛学生在大赛中所需的技能

对于华东师范大学参与中国"互联网＋"大学生创新创业大赛的学生来说，其在大赛中所需的创新创业团队组建技能和商业计划书的撰写技能还需进一步加强。提升参赛学生在大赛中所需的技能，是参赛学生在大赛中发挥出良好水平的保证，也会使大赛的举办效果进一步增强[①]。

华东师范大学的大赛参赛学生在团队组建方面缺乏一定的科学指导，在参加大赛时不能很好地发挥出团队优势。高校在对学生开展创新创业团队组建指导时，应该结合已有的团队组建理论，针对不同的创新创业团队类型给出合理的建议。多项研究表明，影响团队工作效率和团队绩效的重要因素是团队的结构，团队的结构包括团队的人数、团队的成员结构、团队成员的专业技能结构等因素。例如，库珀等学者认为，团队人数在一定程度上与团队绩效成正比，即团队人数越多，团队绩效越高，但并不是说团队人数越多越好。因此，华东师范大学在大赛组织与实施的过程中，可以根据不同参赛团队组建的需要为其提供科学合理的团队人数建议。此外，团队的人员结构包括团队成员的年龄、性别以及教育背景等方面。关于团队的人员应该同质还是异质的争论在学术界从未停止过，有学者认为团队成员同质化更易于团队间的沟通交流，也有学者认为团队成员异质化更利于获取不同角度的资源和提高团队绩效。因此，华东师范大学应该帮助大学生创新创业团队把握团队人员结构的差异度，团队成员在专业技能方面应尽量具有互补性以及差异性。

对于参赛学生而言，另一项重要的参赛技能就是商业计划书的撰写。在中国"互联网＋"大学生创新创业大赛中，参赛学生往往有很好的想法，却因为难以将这些想法撰写进商业计划书中而落败。研究发现，华东师范大学通过集体培训的方式提高了参赛学生撰写商业计划书的水平。因此，高校应该加大对参赛学生撰写计划书的培训力度和广度，通过邀请校内外专家开展集训、沙龙、讲座等方式，为学生搭建面对面交流创业经验与技能的平台。此外，还可以通过开设与商业计划书撰写知识相关的选修课，为学生提供计划书撰写的理论知识等。

商业计划书的撰写不能凭空想象，而应基于参赛学生的实践思考。华东师

---

① 郑菲菲.高职院校创新创业教育的发展趋势与培育策略：基于2015—2019年全国"互联网＋"大学生创新创业大赛作品的实证分析[J].江苏高职教育，2021（2）.

范大学还可以加强校企合作，利用企业的平台让学生参与到创新创业实践中，使其切身感受创新创业的过程，从而在实践中发现问题、解决问题。例如，美国的圣路易斯华盛顿大学有一个学生实习项目，就是在每年夏天为该校的25位学生提供在初创公司带薪实习的机会。华东师范大学可以通过借鉴上述方式，一方面，激发学生参与中国"互联网＋"大学生创新创业大赛的热情；另一方面，也可以提高华东师范大学大赛的参赛项目质量，使大赛举办效果和影响力得以增强。

（三）重视对大赛参赛学生获奖的激励措施

华东师范大学参赛学生的获奖情况是评价华东师范大学大赛举办效果的重要指标之一。本书以华东师范大学第三届中国"互联网＋"大学生创新创业大赛的参赛学生是否获奖为因变量，而自变量为参赛学生在奖励导向维度、发展导向维度、组织导向维度、团队导向维度、支持导向维度上的激励效价和期望值，进行回归分析后得到的结果是：对于大赛参赛学生而言，在发展导向、组织导向以及支持导向维度上的激励措施对其能否获奖有预测意义。在华东师范大学现有的大赛相关激励措施中，在发展导向及支持导向维度上，措施的吸引力对参赛学生能否在大赛中获奖有正向预测意义。与此同时，参赛学生对发展导向和支持导向维度上的措施实现预期对其能否获奖也有正向预测意义，而参赛学生对大赛组织导向维度上的措施实现预期对其能否获奖有负向预测意义。

因此，华东师范大学中国"互联网＋"大学生创新创业大赛要继续保持在发展导向和支持导向维度的激励措施。华东师范大学要注重大赛本身的质量建设，使大赛的相关激励措施在参赛学生的创新创业项目发展以及参赛学生自身发展方面具有吸引力及可预见性。华东师范大学在创建创新创业内环境的同时，也要注重对外环境的建设，如争取学生家长的理解与支持，鼓励其配合学校的创新创业工作。华东师范大学要继续加大对大学生创新创业的资金投入，要对在创新创业资金上有困难的大学生提供资金上的支持，同时帮助大赛的参赛项目与社会资源进行对接。另外，华东师范大学要继续建设并完善已有的三个创新创业孵化基地，加大与校外科技园的合作力度，为大学生提供参观科技园的机会，并提供专职人员对有入驻意向的学生进行讲解以指导其更好地开展创新创业。

与此同时，华东师范大学的中国"互联网＋"大学生创新创业大赛还应特别注重组织导向维度的措施制定。例如，突显大赛与同类型创新创业竞赛相比的实践偏向性，完善比赛程序以及评审标准，科学合理地设定大赛的难度系数等。

第六章 大学生创新创业教育之管理 机制——基于"互联网+"视角

第一节 大学生创新创业教育管理的详细阐释

一、创新创业教育管理的基本功能

（一）转变就业观念，树立创新创业精神、培养创新创业意识

大学生的就业观念和创新创业意识是影响创新创业教育的一个比较重要的因素，它形成于一定的社会、家庭和学校教育环境。因此，大学生创新创业教育管理的重要目标就是利用大学创新创业教育体系来培养和强化大学生的创新创业意识、能力、技能和思维方式。当然，成长环境和成长经历的差异会对大学生的就业观念和创新创业意识产生不同的影响。创新创业教育管理就是要通过课程体系的设置和教育教学活动的实施，唤醒大学生的精神力量，让他们对就业形势和创新创业环境进行认知，对自我和社会进行认知，从而在整体上转变大学生就业观念，培养他们的创新创业意识。

（二）培养和发展大学生的创新创业能力

创新创业教育是培养大学生创新创业素质和能力的活动，其课程体系由理论课程、实践课程、提升课程构成，分为学科课程、案例课程、模拟课程和创新创业实践四个板块。大学生创新创业教育管理需要依托理论课程提高大学生的理论素养和分析问题的能力，为其创新创业能力的提升打下坚实的理论基

础。同时，应该依靠实践课程，将理论知识在社会实践和创新创业实践中加以应用，提高大学生对创新创业理论、过程、目标和风险等方面的认识，提高他们设计创新创业目标、分析创新创业形势和应对风险的实际操作能力，从而实现对大学生创新创业能力的培养。因此，大学生创新创业教育管理不仅要关注大学生就业观念的转变和创新创业意识的提高，还应关注大学生创新创业能力的提升。

（三）实现大学生的人生价值

大学生通过创新创业为社会作出贡献，从而提升个人成就感，同时能得到社会尊重。大学生把自己在创新创业教育管理过程中的所学所悟应用于为社会创造物质财富和精神财富的过程，它既是实现自我价值和社会价值的过程，又是实现人生价值的过程。创新创业教育管理通过对大学生的创新创业思维培养和提升大学生的创新创业能力，为个人未来对经济发展勇于担当并贡献自己的力量提供基础。个人价值和社会价值是辩证统一的，社会个体人生价值的实现在于自我价值与社会价值的统一。大学生创新创业教育管理的最终目标在于帮助大学生实现人生价值，这既是高等教育的责任所在，又是创业教育管理的本质要求，同样是大学生个体的内在需求。

二、创新创业教育管理的目标及定位

创新创业教育是国家创新和社会发展的必然要求，目前已成为高等教育全面深化改革的重中之重。创新创业教育的发展要求和社会需求过快，致使创新创业教育管理成为制约高校创新创业教育发展的主要障碍，一定程度上导致高校创新创业教育成果不佳。

本研究结果是在走访 5 所高校创新创业教育的主要部门负责人之后得出的。绝大部分负责人认为高校开展创新创业教育有助于培养创新型、复合型人才。对于"目前创新创业教育有效性的评价"，尽管调查的院校中包含创新创业教育的"示范院校"，却只有 1 所院校认为其创新创业教育很有效，1 所院校认为较为有效，2 所院校认为效果一般，1 所院校认为无效。在回答"创新创业教育成效不理想的原因"这一问题时，2 所示范性院校的回答主要集中在创新创业指导教师的认可度和满意度、创新创业项目管理运行上，3 所普通类院校的回答普遍集中在创新创业教育课程缺乏吸引力、创新创业教育组织管理相对混乱、没有专项经费支持等方面。对"学院创新创业教育管理目标及定位的建议"，5 所高校谈到创新创业教育管理机制、创新创业扶持政策、课程教学与实践教育的有效管理等，都认为创新创业教育管理应与创新创业教育教学目标相一致，并一致认为创新创业教育管理的目标就是要优化高校创新创业教育课程和实践教育的方式，培养具有创业能力、创业素质的创新型人才，更好地实现人才培养目标。

三、创新创业教育管理的主体

创新创业教育是一项涉及政府、社会、企业、高校、个人等诸多参与群体的复杂性教育活动。创新创业教育的管理需要教育行政部门和高校行政部门共同合作完成。其中，教育行政部门主要对高校创新创业教育活动的开展情况进行总体控制、协调与统筹。国家有关创新创业教育政策的落实还需高校行政部门在高校创新创业教育中具体管理。因此，调研主要了解高校创新创业教育工作开展过程中管理机构的设置及其效能发挥情况。

所走访的 5 所院校基本都按照当地相关文件要求，成立了创新创业工作领导小组，负责本校创新创业教育工作的落实。但经比对，每个学校领导小组成员构成及机构设置大不相同，其效能发挥也差异较大。例如，某艺术学院成立了由分管学生工作的副院长担任领导小组组长的创新创业教育工作小组，由学生处、团委、各系学生科具体统筹实施。其中，创新创业教育教学主要由学生处负责牵头，各系学生科配合以专题报告、讲座等形式完成，创业实践活动主要由团委负责开展或组织学生参加。在回答"教育及管理成效评价"这一问题时，该校受访的教师及学生均表示不理想。又如，某青年学院成立了由院长担任组长，分管教学、学生的 2 个副院长担任副组长，教务处、学生处、招生就业处、团委等部门协调参与的组织机构，机构下设创新创业教育教研室（挂靠在学院公共理论课教研部）和学生创业发展服务中心（挂靠在招生就业处）。在回答"教育及管理成效评价"这一问题时，该校受访的部门负责教师及学生均表示一般，认为该机构的职能和职责有重叠部分，不够明晰。相比较而言，某工业学院作为起步较早的院校，其机构设置较为完善，主要构建了一种三层组织架构体系，呈现有序管理。顶层是学院创新创业工作领导小组，负责对创新创业教育进行整体设计；中间层是学院建立的创新创业教育专家咨询委员会和创新创业教育导师团，分别负责对学院创新创业教育与实践提供整体咨询、评估，指导创新创业教育项目建设，以及指导学生创新创业教育和创业实践活动；底层则是由学院教务处、学生处、团委、各系、各部门组成的执行单位。在回答"教育及管理成效评价"这一问题时，该校受访的部门负责教师及学生均表示良好。

四、创新创业教育管理的制度建设

管理制度建设是高校创新创业教育管理建设的重要组成部分。但通过走访发现，5所高校中仅有某工业学院建立了配套的创业学生资金扶持响应政策和创业指导教师绩效考核奖励办法等制度。某铁路工程学院依托学生素质教育平台，制定了学生创新创业教育实践活动实施细则，主要针对创新创业教育实践活动的指导思想、实践内容及要求作了说明，但并未过多涉及实践平台，场地管理维护也没有涉及。其他高校没有专门制定相关管理办法或者实施细则，只是笼统地将创新创业教育教学纳入学院教育教学和学生日常管理之中。

第二节　大学生创新创业教育管理的基本内容

大学生创新创业教育管理主要包括教学管理、指导服务管理、实践运用管理等方面。针对高校创新创业教育及其管理等问题，本书对某工业学院、某铁路工程学院、某工商学院、某青年学院、某艺术学院5所不同类别且开展创新创业教育的高校进行走访调研，结果如下。

一、教学管理

创新创业教育的教学管理主要指对创新创业教育课程的基本教学活动的管理，包括课程设置和师资配备两个方面。

（一）创新创业课程设置

创新创业教育作为进一步提高大学生素质教育水平的重要内容，其课程设置应既有普及创业意识和创新精神的理论教育，又有专业性的提升创业能力的实践教育。走访的5所学校创新创业教育的发展方案都是从各高校实际情况出发，实事求是地开设创新创业课程。

国家、省级示范院校的创新创业课程设置较为系统，且较为注重课程实践教育和层次培养。其中，某工业学院构建了三层递进式培养机制：第一层为通识启蒙培养，第二层为竞赛遴选重点培养，第三层为成果孵化专门培养。在课程设置上，该院突出地将核心课程与相关课程相结合、理论教学与实践活动相结合，形成了一套以必修课"大学生创新创业基础"为主、三门基础课"大学生职业生涯规划""大学生就业指导""心理教育"为支撑、多门素质拓展选修课为补充的课程体系。其中，"大学生创新创业基础"课程作为通识教育面向全体大学生，共 16 学时，是创业启蒙教育。第二、第三层次培养主要依托赛事项目，进行实践演练和创业模拟、项目转化。普通类学校创新创业课程设置不够系统，较为零散，创新创业教育实践教学环节薄弱。其中，某工商学院的课程集中在管理系工商管理专业中，如作为专业必修课开设 32 学时的"企业管理"，其他非管理类专业学生基本都是通过相关讲座、报告、培训等形式，进行一些孤立、零散、碎片化的学习，而创新创业教育的实践教学主要依托学院举办的创新创业大赛来完成。某工商学院将创业教育以 6 个课时的课程将相关内容嵌入在大学生就业指导课程当中。某艺术学院主要是通过每年 4 次的专题讲座对学生进行创新创业意识和创新创业政策教育。在创新创业课程实践教育方面，大多数院校都是通过举办名目不同的创新创业大赛并提供部分内容的创新创业培训，但多为校团委等组织主办，与创新创业教育的主体单位联系并不紧密。这就造成了尽管许多学生对创业感兴趣，但鲜有机会接触到较为系统的创业教育，因而极大地限制了创业精神和创业技能的普及教育。此外，课程设置在人才培养体系中较为薄弱，并未形成一个完整的课程体系。

在对上述 5 所学校创业课程教学满意度的学生访谈中，学生普遍反映创业教育课程之间的关联度不高，开设的创业课程与各专业核心课程之间内容缺少连接。由此可见，高校还未开设较为完备的面向专业化发展的创业课程与实践课程，创新创业教育的学科体系也未完全建立。

（二）创新创业教育师资建设

创新创业教育在中国是一个新生事物，高校开始接触创新创业教育是近十年的事，师资不足成为制约高校创新创业教育发展的瓶颈。走访的 5 所高校师资数量存在严重不足的问题。其中，只有某工业学院拥有 2 名获得国家三级创业咨询师资格的专职教师，某铁路工程学院有 1 名接受过创新创业教育系统培训的专职教师。其他 3 所院校创新创业教育的任课教师主要是以各专业教师、就业指导教师为主的兼职教师，或由教育主管部门领导兼任，其中某艺术学院根本毫无涉及，主要依靠社会聘请行业专家或学者担任客座讲师。这几所院校已有的创新创业教育师资水平参差不齐，多为一些教授工商管理类课程的教师兼职，或是学校的思想政治辅导员、学工人员兼职。因此，高校创新创业课程师资结构以及这部分人员的知识结构、理论水平和专业水平相对有限，创新创业的实践经历更是无从谈起，无论从理论水平或是实践经历方面都与创新创业教育的师资要求存在差距，也就难以保证创新创业教育的理论研究及实践活动有效开展。

在师资培养方面，5所高校的重视程度与支持力度也均不同，国家、省属示范院校相较普通院校的政策更为有力。例如，某工业学院、某铁路工程学院每年都有创新创业教育相关师资专项培训经费，由各教学单位申报，学院组织人事部下设教师发展中心统筹，申请教务处同意后便可让教师参与学习。其他院校没有专项培训经费和培训计划，相关授课教师主要通过自主学习或是参加学院统一组织的专题培训、外出参会、参观学习等活动来提升自身能力。

二、指导服务管理

指导服务管理主要是帮助学生将创新创业意识和思维转化为实际可操作的创新创业项目，为创新创业项目实践环节及了解相关法律法规知识提供支持。简言之，就是对学生创新创业项目进行指导与扶持，这主要涉及学院创新创业教育管理的指导服务机构和政策指导与资金扶持的管理。

（一）指导服务机构设置

在走访的高校中，指导服务机构设置比较完善的是某工业学院，它构建了三层组织架构体系，即创新创业工作领导小组，负责对创新创业教育进行顶层设计；创业教育专家咨询委员会，负责提供整体咨询、评估和改进方案；创新创业教育指导教师队伍，负责创新创业教育项目建设，指导学生创新创业教育和创新创业实践活动的开展。其他4所院校均成立了学院创新创业教育领导小组，但针对创新创业项目的扶持管理没有设立专门的独立机构具体管理与指导。大部分高校创新创业教育管理的指导服务由就业指导中心开展，而创新创业项目实践活动可能由学校团委负责指导，各部门多头管理，各自为战，校内的创新创业教育资源难以实现有效整合，如某铁路工程学院的指导服务管理主要依托于该校建设的学生素质教育平台。该平台包括"大学生创业孵化基地"、"职业素质拓展基地"、"艺术教育中心"、"大学生心理健康教育中心"及校史馆、先进事迹展览馆等6个模块，为学生拓展综合素质、培养实践能力提供了机会。在平台设置和管理中，学工部牵头负责，教务处、公共艺术教研部、团委、就业指导服务中心等多个部门各司其职，各取所需，协同统筹①。某青年学院则在招生就业处下设学生创业指导服务中心，具体负责创业项目的指导与帮扶，但指导教师由负责就业工作的教师兼任，其教育功能和职能难免有些无序。其他2所学院的指导服务机构基本属于设置不明，由所在系分管教学工作的教师具体指导。由此可见，高校创新创业教育的管理秩序亟待厘清。

（二）政策指导与扶持资金保障

在有限的条件下，只有某工业学院制订了创新创业等23项相关制度，形成"学院专项基金－社会公益基金－校友资助基金－企业奖励基金"的资金扶持机制，资金总额达到100万元，并构建了创新创业信息服务系统，对学生实行持续帮扶、政策全程指导、一站式服务。其他4所高校都没有设立创新创业项目专项扶持基金，学生创新创业融资渠道狭窄，缺乏启动资金，而学校的资金投入主要倾向于创新创业教育课程开设和创新创业场地建设、硬件配备等。对有创新创业意愿且可行的学生的创新创业项目没有专项扶持基金，学生创新创业项目扶持资金主要依靠学生参赛获得资金奖励和风投企业的赞助。在政策指导层面，近年来国家出台了一系列无息贷款、减免税费等优惠政策，但在具体操作中，大多缺乏实际操作方法和实施细则，使得很多政策扶持流于形式，学生很难真正享受实惠。

三、实践运用管理

实践运用管理是指对创新创业项目的具体措施提供实践运行的平台。

创新创业教育是一项实践性很强的活动，不能只停留在理论传授层面，而应开展更多的创新创业实践活动。活动的开展需要平台，高校创新创业实践平台是高校创新创业教育体系的有效组成部分，是创新创业教育成果化的载体。在走访的5所院校中，仅有某工业学院按照"校内孵化器＋校外加速器"的思路，积极创建项目孵化室、创新梦工厂和创业苗圃等占地300平方米的创业实践基地，为学生创新创业项目实践与孵化提供实训场地。尽管各校都在积极推进大学生创新创业实践平台建设，但并没有形成系统的保障体系，仍然停留在一些诸如参加创新创业大赛、制定创新创业计划书、模拟创业活动、设立创

---

① 李伟斯，宋融.构建新媒体引导机制创新大学生创业教育管理 [J].教育现代化，2020（47）.

业社团等实践活动，并没有建立真正的创新创业平台让学生进行系统的创新创业实践，真实地开展创新创业活动。

第三节 大学生创新创业教育管理调查与分析

为了更好地对高校大学生创新创业教育管理现状作出客观评价，并有针对性地进行分析，本书选取了泉州市 5 所比较具有代表性的大学开展了一次大学生创新创业教育管理调查。本次问卷调查为期 2 个月，主要针对大学生创新创业、创新创业教育、高校的创新创业教育管理设计了调查问卷。本调查采取随机抽样的调查方法，共发放调查问卷 200 份，回收问卷 200 份，其中有效问卷 198 份，回收率为 100%，有效率为 99%。为了确保调查结果的科学合理性，本调查对每所学校大一、大二、大三、大四各级学生均有所涉及。

一、高校创业教育管理现状调查

对于这次的调查，本书从中挑选了几个重要问题的数据进行分析，得出目前泉州高校创新创业教育管理中存在的问题。从学生参加社会实践（如图 6-1 所示）的数据中我们可以看到，经常参加社会实践的大学生占被调查大学生总数的 39.5%，偶尔参加社会实践的大学生占 50.4%，10.1% 的学生没有参加过社会实践。这说明高校的在校生对于社会实践不是很重视，不太了解社会经验的重要性，总是认为在学校学到的知识可以让自己在今后的工作中得心应手。然而真正进入社会工作之后，能力和经验不足、理论知识与实际操作的需求不吻合常常会导致工作不顺利。

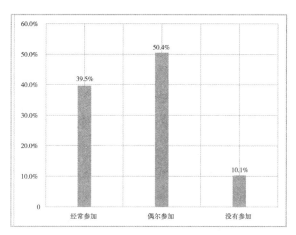

图 6-1 被调查大学生参加社会实践的情况

从学生是否有创新创业经历（如图 6-2 所示）的数据可以看到，90.20%的大学生没有自主创业经历，只有 9.80% 的大学生有过自主创业经历，这个比例是惊人的。这也说明了在泉州高校大学生中自主创业的概率还是很低的，与国外大学相比有一定差距。学校并没有让学生认识到创业的重要意义，禁锢了学生的创新思想。

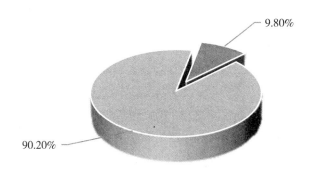

图 6-2 被调查大学生是否有自主创业的经历

从大学生参加创业方面课程（如图 6-3 所示）的数据来看，经常参加创新创业方面课程的学生占 2.4%，较多参加的占 1.7%，而很少或是没有参加的占 95.9%。由此可见，泉州高校虽然已开设了与大学生创新创业相关的课程，但大多数都是以选修课的形式出现的，而且大部分学生对这门课程并不感兴趣。这也从侧面反映出学校对于创新创业教育的宣传力度并不大。

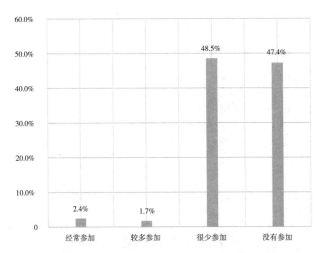

图 6-3　被调查大学生参加创业方面课程的情况

从大学生毕业后工作选择情况（如图 6-4 所示）的数据可以看出，70.5%的毕业生选择直接参加工作，22.7% 的学生选择出国深造或是继续考研，而选择自主创业的学生仅占 6.8%。由此可见，毕业后选择自主创业的学生比例很小，更多的大学生会先选择直接参加工作。

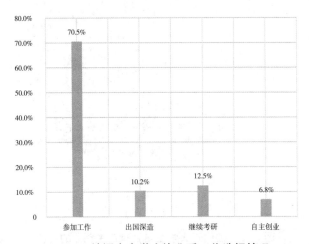

图 6-4　被调查大学生毕业后工作选择情况

从高校开展创业教育情况（如图 6-5 所示）来看，只有 1.0% 的学生认为很好，有 10.2% 的学生认为较好，40.0% 的学生认为一般，12.1% 的学生认为几乎没有受过创业教育，36.7% 的学生对创业教育不了解。这说明学校开展创新创业教育的概率很低，没有将创新创业教育重视起来，使得学生无法及时地了解创新创业教育的实施情况，这大大打击了学生对创新创业的热情和积极性。

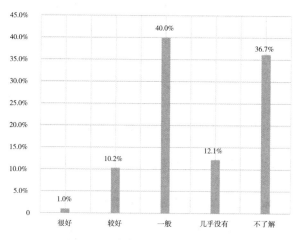

图 6-5　高校开展创业教育情况

从大学生对创新创业教育相关政策的了解情况（如图 6-6 所示）来看，被调查的大学生中经常关注和偶尔关注的占被调查大学生总数的 20.3%，有 43.5% 的学生不主动去了解相关的扶持政策，有 14.2% 的学生一点也不知道相关的政策，有 22.0% 的学生对政府相关扶持政策大致了解。这说明目前这 5 所高校的创新创业教育管理还处于发展阶段，虽然政府对创新创业教育有很多相关扶持政策，但是宣传力度不够，以致大部分学生不了解这些政策、法规。

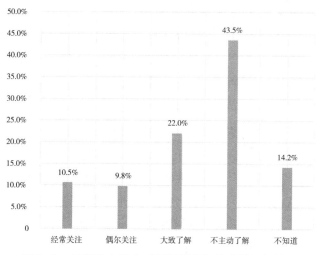

图 6-6　被调查大学生对创新创业相关政策了解情况

通过对泉州高校大学生创新创业教育管理现状的描述，以及调研数据的分析，可以得到这样一个结论：在民营企业聚集、民营经济活跃的泉州，虽然大学生的就业观念已经发生变化，有一部分学生会选择自主创业，但从创新创业认知等方面来看，50%以上的学生还是不会选择创新创业。另外，学生的创新创业知识和技能还很匮乏，多数人将年轻的闯劲和个人的经济背景作为主要支撑，但从长远看，信念、知识、能力等综合素养才是创业成功的首要因素。此调查也反映出了学生所受创新创业教育的缺失，以及学校在创新创业教育管理方面的一些欠缺，因而在学生的创新创业教育方面还存在很多空白。

二、大学生创业教育管理的基本功能

（一）转变就业观念，进而培养创业意识

大学生的就业观念和创业意识是大学生智力和非智力因素的综合反映，它形成于一定的教育环境。因此，怎样利用大学教育体系来培养和强化大学生的创业意识、创业能力、创业技能以及创业思维是大学生创业教育管理的重要目标。当然，不同的成长环境、成长经历会对大学生就业观念和创业意识产生不同的影响。创业教育管理通过一系列课程体系的设置和完整的教育教学活动过程，唤醒大学生的精神力量，让他们在主观世界里对就业形势和创业环境进行认知，对自我和社会进行认知，认清就业和创业方向，从而在整体上转变大学生就业观念，培养他们的创业意识。

（二）培养和发展大学生的创业能力

大学生创业教育管理关注大学生就业观念的转变和创业意识的提高，更关注大学生创业能力的提升。创业教育是培养学生创业素质和能力的教育活动，与其相适应的课程体系由理论课程、实践课程、完全学分制构成，分成学科课程、案例课程、模拟课程和创业实践四个板块。一方面，大学生创业教育管理依托理论课程提高大学生的理论素养和理论分析能力，为其创业能力的提高打下坚实的理论基础；另一方面，依托实践课程，通过社会实践和创业实践将理论知识加以应用，提高大学生对创业理论、创业过程、创业目标和创业风险等方面的认识，提高大学生设计创业目标、分析创业形势和应对创业风险的实际操作能力，从而实现对大学生创业能力的培养。

（三）实现大学生的人生价值

个人价值和社会价值是统一而不可分割的，社会个体人生价值的实现在于

自我价值与社会价值的统一。大学生创业教育管理的最终目标在于帮助大学生实现其人生价值，这是创业教育管理的本质要求，是大学生个体的内在要求，也是高等教育的应有之义。创业教育管理通过培养大学生创业意识和提高大学生创业能力，让学生融入经济社会并对经济社会发展承担责任，做出自己的贡献。大学生把在创业教育管理过程中的所学所悟用于为社会创造物质财富和精神财富的过程就是自我价值实现的过程。

三、高校创新创业教育管理存在的弊端

（一）创新创业教育范围有局限

联合国教科文组织对创业教育有如下诠释：创业教育并非仅仅培养具有开创性的个人，对于受聘于他人的员工同样不可或缺。在现代社会，企业越来越重视员工的创新精神、创新能力以及公关、管理能力。从这个意义上来讲，创业教育实质上是一种素质教育，是一种增强学生创业能力、强化创业意识，进而使他们能够自主或合作开设项目、企业、事业的教育。

然而，实际中，高校基于成效等方面的考虑，创新创业教育只面向少数精英，对其进行重点培养和教育。虽然有些高校已经建立了自己的创业园、创业孵化基地，但它们并没有真正为全体大学生提供创业实践机会，能够参与其中的往往是在学习、技术等方面有突出成绩的学生，大部分学生被排除在外，远不能担负起创新创业教育赋予它们的社会责任。

（二）创新创业教育与创新创业实践存在隔膜

选取的 5 所高校的创新创业教育与创新创业实践存在隔膜，有以下两个原因。一是教材选择不科学。大部分高校直接选择美国高校和国内清华大学等知名学校的教材，并模仿其教学模式和学分制度，对学生开展创新创业教育。需要指出的是，任何理论都有其适合生存的土壤，美国的东西在中国并不一定适用，清华大学的方式在泉州并不见得能发挥实效。从泉州高校的创新创业教育成效来看，创新创业教育对学生创新创业能力的培养还停留在很低的水平，对学生实际创新创业的指导作用不够明显。二是实践环境不真实。在创新创业教育的实践环节，高校往往要求学生自主选择实践单位，自主撰写实践报告，大多数学生的社会实践得不到有效的组织和指导，开展创新创业教育实践的理论意义远大于实际意义，使得大学生群体的整体创新创业能力处于较低水平。

（三）创新创业教育体系与现有教学体系对接不畅

高校对于学生的创新创业教育管理尚未有机融入现有教学体系之中，与已有的教育体系之间尚存较大的差距。这一现象不仅反映了传统教育向现代教育转型必然要经历的过程，也反映了创新创业教育与高校现有教学体系之间的矛盾。当前的创新创业教育管理主要侧重于操作和技能方面，与专业教育和基础知识的学习并未完全对接，学生往往不能做到将两者统筹兼顾。由于理论课程设置不足，导致创新创业教育实践缺乏理论高度，使实践和理论缺乏有机的、密切的联系。这种貌合神离的现象，充分说明创新创业教育不应单纯设置操作和实践，而应是一个集理论、操作、实践、交流的统一体。在这方面泉州各大高校运作水平有高有低，参差不齐，但都没有做到有机统一。

第四节　大学生创新创业教育管理新生态构建

一、创业孵化基地

（一）硬件设施

积极与政府、企业建立联系，获得更多的资源，完善创业孵化机制。想要不断提高创业孵化基地的运营水平，可以在硬件设施方面加大支持力度。例如，建设投影仪、移动电脑、网络教研室等基础设施，给管理人员、工作人员和学生提供现场演示、培训的设施。另外，还可以针对泉州企业发展中存在的技术、业务难题，建设仿真设施，这些设施由泉州高校与企业共同建设，合作使用，这样既可以为企业解决实际问题，受到企业的欢迎和支持，又能够减少学校的投入，为学生提供更具实效性和针对性的创业培训。

（二）培训管理人员

创业孵化基地的建设基本上离不开高素质的管理队伍，高校在建设创业孵化基地时，必须把选拔与培训管理人员提到重要议程上来。在实际操作过程中，高校可以在已有的就业指导教师中选拔具有感染力和号召力的管理骨干，加强对创业基地管理的专业培训，还可以鼓励拥有相关资历的授课教师学习创业教育知识，探索创业教育教学模式和方法，在他们具备理论知识和创业教育实践经验后，将他们培养为管理人员。

与此同时，高校还可以制定与之相适应的激励机制与措施，鼓励并帮助这些教师到创业孵化基地兼职，定期与企业管理人员联系，促进教师队伍和创业者的双向交流，为他们提供相关知识和技能的培训。这样可以不断更新与扩展创业教育师资队伍的知识，提升其技能，还可以提高创业孵化基地的管理水平。

（三）科技创业项目的管理

高校的科学创业项目应围绕大学生群体设计，依托学生协会和社团进行管理，在教师和辅导员的指导下实施。大学生创业协会或社团可以根据学生的需要以及所享有资源的特点，设置不同的创业主题，不定期地举行主题鲜明的科技创业项目，开展各项实践活动。这样可以为大学生提供实践的平台，创造学习和实践的机会，让大学生通过参与创业项目锻炼和提升自身的创业技能。

二、创业俱乐部

（一）师生创业沙龙

通过举办创业沙龙，可以在学生创业与社会投资之间搭起桥梁，引进优势资金和风险投资。通过创业社团开展的创业活动，学生学习到的理论知识和方法可以得到检验和运用，并能掌握创业中实践性很强的理论、技巧和技能，同时让学生的团队合作意识、实践能力得到提升。当前就业形势依然严峻，大学生自主创业无疑会给自身发展与价值实现赢得主动权。

现在，大学生的追求、理想、信念、精神面貌各不相同，要使学生乐于参与创业沙龙活动，组织者还要掌握相应的组织技巧，如通过广泛宣传，营造声势，全面发动，提供助力，有效引导，提升影响力，使学生参与进去，并让学生对活动作用、意义及其本身有更加清醒的认识。要让学生在创业沙龙活动中受益，乐得其所，让不同年级、不同背景的学生积极参与，勇于创新，敢于创业，朝着更高、更远的目标前进。

（二）学生创业论坛

积极构建大学生创业论坛，为大学生及年轻创业者提供资源共享与经验交流的平台，向学生免费提供创业教程以及各类丰富的实战资料，提高学生对市场的把握、服务水平和交流交际等能力。目前，随着我国高等教育的普及，公办及民办高校的在校生规模都达近万，每个学校都是一个交流方式丰富、交流活动频繁的小型社会。同时，在校大学生生活压力小，也乐于参与各种集体活动。高校应充分把握这一特点，理性迎合大学生的交流需求，根据学生心理特征，拟定多种多样的论坛话题，采取线上、线下不同形式的交流方式，选择各种类型的典型论坛，通过经典的力量带动大学生参与。同时，在校内有选择、有目的地创造一定范围和频次的商业环境，制定标准，明确规范，完善制度，让学生在良好的内部小商业环境中成长，使更多典型人物和案例在论坛上被学生广泛交流，这样更能激发学生的创业热情，提供更多优秀的创业创意，使其掌握创业中所必备的知识。

（三）创业成功人士的经验交流

学生在创业中的反思和感悟促使创业教育更加注重学生的体验，倘若学生没有感悟，他们的创业理念很难成长、发展，也很难形成成熟的创业理念。高校在实施创业教学过程中应注重引导学生与创业成功人士进行经验交流，在校内外的实训基地等地点，组织成功创业的学生和校外等人士，举办创新创业主题演讲会。在创业沙龙、创业论坛等组织中，开展座谈会，促进学生与创业成功人士进行交流，通过交流让学生多了解市场环境，使其学习更多的创业理论知识，从而更好地培养他们的创业精神和创业思维。

三、创业设计大赛

当前，大学生创业活动的形式多种多样，高校要鼓励大学生积极参与此类活动。例如，各种类型的创业大赛，能够培养学生的团队合作意识和创业过程中所需要的创业思维模式。

（一）创业计划大赛

高校应积极动员、组织在校学生参加创业计划大赛，以营造有利于激发学生创业意识的文化氛围。通过创业计划大赛这种实践性很强的比赛以及相关活动来激励学生的创业主动性，引导和帮助大学生将创业的理论知识与实践相结合，树立坚持不懈的创业精神，在创业过程中不断提高创业所需能力。组织者在设立相关评议小组时，应注意评审委员会成员结构的合理性，即需要包含经济类、管理类等各个学科的教授、教师，还应考虑各个行业的创业者、企业家及职业经理等在社会营利组织中的工作者，让他们同时负责参赛作品的评审工作。在开展商业创意类、创业计划类、创业实践类等各类比赛时，引导学生在深入研究和广泛进行市场调查的基础上，完成相应的商业计划书，运用商业计划书将其产品或服务推向市场，并在推向市场的过程中完善与优化其商业计划，实现校企合作的双赢。

（二）三创比赛

响应教育部的号召，积极组织学生参加三创大赛（全国大学生电子商务"创新、创意、创业"挑战赛的简称）。三创大赛是由教育部高等教育司、国家发展和改革委员会高技术产业司、商务部信息化司等部委共同组织的创业教育赛事。三创大赛能够使学生的创业兴趣得到有效激发，学生创业的潜能进一步被挖掘。通过让学生参与模拟的企业项目，可以更深层次地培养他们的创新精神和团队合作协作的意识。

通过竞赛，参赛学生了解并参加企业需求项目，提升了创意水平，提高了创新能力，激发了创业热情，为高校创业教育与社会经济发展搭建了沟通的桥梁。学生参与赛事的过程中，能够增长阅历，查找不足，不断完善参赛长效机制，实行常态化运作。通过竞赛还可以在学生中发现更多的创业人才，带动学生对创业活动产生广泛兴趣并积极参与，实现创业教育的良性循环。

（三）电子商务创业比赛

电子商务是一门实践性强、新兴的、多种学科交互在一起的专业学科，我国经济结构的转型、调整和升级对创新型的电子商务人才有了更加紧迫的需求，也为电子商务相关人才施展其才华提供了更加广阔的领域。通过电子商务创业比赛可以极好地锻炼大学生的网络交互能力、项目开发能力、团队合作能力，提升其创新创业综合素养。

高校应有效组织与电子商务相关的专业学术资源、企业实践资源，与社会组织有效协同。只有行业协会的桥梁纽带作用得到充分发挥，产学研合作机制的创新得到推广，学生才能充分参与到电子商务创业比赛中去，加强理论知识的实际应用。创业教育导师应指导学生解决具体项目策划、设计和实施中存在的各类现实问题，让学生通过实践学习，通过实战成长。

电子商务创业比赛能营造出一种实践、实训与实战相结合的良好氛围，在培育电商人才的同时，培养更多具备较高学术研究水平、丰富实战经验的骨干教师队伍，打造一批产学研结合的实训基地。

四、创业实践基地的管理

（一）社会实践基地

当今世界是个开放的世界，任何组织同外部世界都存在着密不可分的联系，与外部的交流也是必不可少的。同时，由于资金、管理等方面的局限，泉州高校创业教育的实践基地往往都是与当地企业和社会组织联合创办的。这就要求高校在创业实践基地的管理上树立开放性的思维，与外部企业、社会组织和政府建立有效的协同机制，制定相关的协同制度和分配制度，公平、公正、公开地分享社会实践基地所产生的经济、技术和学术等方面的成果，从而有效激发参与单位和人员的积极性，促进社会实践基地整体效能的发挥，让参与进来的大学生充分感受到特有的创业氛围，获得应有的实践效果。

（二）创业园

目前，很多高校都建立了具有自身特色的创业园。但是，如何充分发挥创业园的价值及作用，对创业园的管理而言是最为重要的一环。要遵循建管并重的原则，不仅要搭建创业园管理架构，还要完善规章制度，按照公司化的理念，在创业园内部建立"制度律事，纪律律人"的管理氛围，加强创业园与学生的交流，让学生有序参与到创业园的各项实际工作中。要遵循 PDCA 循环管理原则，广泛收集创业人士和学生的意见，不断强化创业园的软硬件建设，创造良好的创业环境，让大学生在创业园体会到更多的创业氛围，学到更多的创业知识，掌握更多的创业技能。此外，高校还可以以创业园为平台，安排一些企业人士与学生进行交流，让大学生在交流中对创业教育有更进一步的了解和认知。

五、创业文化的培植

（一）塑造创业精神

在组建创业先锋班、培养学生的创业精神上，高校的创业发展中心可以通过内容丰富、灵活的笔试，了解与掌握报名学生的基本信息、对创业理论掌握的情况、实践工作经历、创业的构思等，再通过面试增进与学员的交流，判断其应变技巧，分析其个人形象。可以通过对报名学生笔试和面试的综合考察，选拔思维较为敏捷、精力较为充沛、沟通能力较强、责任心较强的学生进入创业先锋班级。同时，学校还可以通过个性化的分组，兼顾学员的文、理、管等多个领域，使班级的男女比例、年级结构相对合理，以实现优势互补并且具有团结协作精神的人员结构。

高校应结合各自的校情，广泛利用校园广播、学校的校刊和校报、各级院系部的板报等传统的宣传工具，大力宣传创业教育对职业生涯的重要性和创业者的创业经验，并且通过典型的创业案例分析创业的榜样和精神。学校的各院系部讲述创业经验，使学生更加关注创业精神，同时也能够培育该校崇尚创业的精神，引导和鼓励学生在创业实践过程中的创新、开拓、进取、接受失败等实践性很强的校园创业行为。

（二）校友创业案例

通过树立创业榜样这种途径对创业者的行为进行引导。经典案例是创业者过去关于创业行为的辛酸史和教训史，通过案例，学生可以获得与创业行为相关的一笔宝贵的财富。

以往的学者观察创业者的心理，发现了一些他们共同的心理品质，如很强的自信心、积极的人生态度、很强的独立思考能力。这些心理品质促使创业者培育和形成寻根究底的好奇心和探索精神，也使得创业者敢于尝试新的途径，发现新的领域，并最终发展成敢于竞争的冒险家。他们热情、有活力并能专注于某一领域，并且他们坚定的意志使得其在面对创业失败与挫折时，能够保持稳定的情绪、良好的心态和积极的人生态度。高校可以通过以下方式激发学生的创业热情。

（1）借鉴当地企业家的典型事例。尤其是新时代的年轻企业家，将他们成功创业的事迹编写成经典的教学案例，激起学生的兴趣，让学生明确创业的方向与目标，树立远大志向。

（2）学习身边优秀的创业者。这些优秀创业者的创业历程是一本具有很强感染力和号召力的活教材，高校可以采取"请进来、走出去"的教学模式，让学生身临其境地感受创业者的创业氛围。

（3）发挥创业师资队伍中的教师榜样作用。创业教育导师如果具备创业的经历与经验，那么不但可以在学生中起到示范作用，还可以把成功经验融会到教学理念中，这势必会给学生带来巨大的真实感和感染力。

第七章 "互联网+"大学生校园创新创业案例

第一节 创业故事："优趣文化创意坊"

"优趣文化创意坊"主要以校园风景、人文风采、青春回忆为主题开发如明信片、邮票、水杯、日历和手绘服饰等一系列文化创意产品，并且搭建"优趣创意文化基地"和"优趣画室"，积极推动校园文化建设。该创新创业方案荣获第三届"发现杯"全国大学生互联网软件设计大奖赛国家级二等奖，第五届"创新、创意、创业"电子商务挑战赛国家级二等奖。

一、项目简介

（一）背景分析

文化创意产业是一种在经济全球化背景下产生的以创造力为核心的新兴产业，强调一种依靠个人（团队）的主体文化或文化要素通过技术、创意和产业化的方式开发、营销知识产权的行业。《国家"十一五"时期文化发展规划纲要》曾明确提出国家发展文化创意产业的主要任务，全国各大城市也都推出相关政策支持和推动文化创意产业的发展。实际上，这个产业最核心的东西就是创造力。也就是说，文化创意产业的核心其实就在于人的创造力以及最大限度地发挥人的创造力。"创意"是人产生新事物的能力，这些创意必须是独特的、原创的以及有意义的。在"内容为王"的时代，无论是电视影像这样的传统媒介产品，还是数码动漫等新兴产业，所有资本运作都以产生优良的产品为基础，而在竞争中脱颖而出的优良产品恰恰来源于人的丰富的创造力。因此，文化创意产业本质就是一种"创意经济"，其核心竞争力就是人自身的创造力。由原创激发的"差异"和"个性"是文化创意产业的根基和生命。

（二）政策环境

文化产品行业以个性产品定制产业为主，由最初在国外流行发展到在国内兴盛。目前，国内个性产品定制产业的发展形势良好，不但推动了相关产业的发展，而且自身也是"朝阳产业"。国家"十一五"规划纲要已经把创意文化产业作为调整经济结构的重要举措，从中央到地方出台了一系列鼓励创意文化产业发展的政策和措施。政策中提出，文化产业的发展速度要高于 GDP 的增长速度，文化产业的产品市场不会萎缩。

近年来，学校对创业项目大力支持，很多方面为大学生创业提供了便利条件。资金方面，"优趣文化创意坊"已获得学校创业资金的支持，同时学校还提供硬件设施，以及免费提供宣传活动场地等。除此之外，孵化基地为其提供平常办公、进行会议、售后服务的场所以及技术后台的支持。

（三）社会环境

文化产品市场产品种类繁多，市场极具发展潜力。DIY 创意产品相关产业包括打火机 DIY、烫花 DIY、动漫 DIY、巧克力 DIY 等多个行业，如此多的产品种类为其项目的开展提供了更多的方向。这些行业迎合了当下年轻人崇尚自我、追求新奇体验的需求。由于早年曾有十字绣红遍大街小巷的成功案例，这类小店在国外等地也异常红火，因为它们的创意都相当独特。由此可见，文化创意市场广阔，有很大的发展空间。

广大消费者对于文化创意产品的认可给行业的发展带来新的契机。在追求时尚、独特、新颖的时代，年轻人喜欢标新立异、与众不同，他们不满足于现成商品，于是 DIY 文化创意产品火热升温，并因此成为新的淘金地。与一般的产品不同，文化创意产品的卖点不是产品本身，而是制作产品的过程和文化内涵底蕴。

（四）市场现状

文化产品行业以个性产品定制产业为主，目前在国内的发展趋势良好，但校园文化创意产业是个空白，缺少比较全面的文化创意市场，亟待开发和推广。

对西安高校进行问卷调查后的结果显示：86.36% 的学生表示很愿意购买有自己学校特色文化元素的相关产品；73.67% 的高校学生遇到过想买自己学校特色文化产品时但找不到商家的情况；71.43% 的学生组织因社会上广告设计公司的价格高且设计不接"地气"而最终导致其相关计划失败。此次调研发现，目前西安只有部分学校少量学生自己设计销售其高校特色文化产品，并且没有任何特色校园文化产业的专业品牌。

二、项目方案

"优趣文化创意坊"发展拓展的整体营销规划为 O2O 线上线下结合方式。线上以微信公众号和微博、贴吧作为宣传推广平台，以网站、淘宝店为平台作为主营的业务销售渠道；线下前期主要以轰炸式宣传和节假日促销为主，后期不断招收代理和进行线下设点推广宣传。

（一）线上销售

因为学生所学是电子商务专业，所以学生可以完全利用专业优势进行线上营销，线上销售主要分为三类销售模式。

1.创建微信公众平台

团队首先采用扫二维码送小礼品的方式鼓励人们关注其微信公众平台。另外还在公众平台上定时推送最新创意品、手工 DIY 教程及有趣实用的校园咨询增加粉丝量，提高公众平台的知名度和影响力。

2.搭建微店与淘宝店铺

基于第三方微信营销平台搭建微店并开设淘宝店，利用电子商务平台拓宽消费群体，展开多元化的网络营销，便于商品的交易。这种方式能促进经济业务开展，有利于线上带动线下的营销。

3.微博营销

微博营销是指通过微博平台为商家、个人等创造价值而执行的一种营销方式。每一个听众（粉丝）都是潜在的营销对象，可以利用微博消息向校内学生发布创意产品样图。每天更新内容就可以跟大家交流互动，或者发布大家感兴趣的话题，以此达到营销的目的。建立微博账号，添加对 DIY 创意感兴趣的人为好友，定期发送相关产品的信息，提高知名度，吸引消费者的眼球。

（二）线下销售

1.轰炸式营销

轰炸式营销就是让更多的人了解"优趣文化创意坊"，具体方式有以下几种。

（1）制作名片和宣传单页。利用课余时间将名片和宣传单页分发至各个教室，并在分发过程中宣传推销创意产品来提高知名度。

（2）免费宣传手册。每月以不同的主题制作风格迥异的宣传单页和画册进行校园创意品宣传，让学生全方面地了解最新产品和创意动态。

（3）派发小礼物。制作一些便笺纸、卡包之类的小礼品，印上团队标志，在学生购买时给予赠送。一方面可以让购物者额外被赠送，另一方面这些印有团队标志的实用的小礼品长期被使用就是在为产品做着无形的广告。

2.节日、季节性销售

一年中有很多节日，现在学生对这些节日都特别看重，根据这种现状，可以根据各种节日的不同含义，制作并销售不同种类的手绘产品。以情人节为例，在情人节的当天，可以在校园中开展以"情人节"为主题的活动，达到宣传销售产品的效果，从而提高知名度，同时也能拉近与顾客之间的距离，有利于培养良好的顾客关系，提高回头购买率。

3.学校设点宣传

（1）成立"优趣画室"。

（2）招募兴趣爱好相同、喜欢创意手绘制作的学生，并且他们应有较好的绘画基础功底，优先选择培养优秀成员。

（3）校园产品展销。将设计好的产品进行市场展销，根据市场的购买力了解学生的需求，并且安排活动赠送积分卡。增加创意活动的趣味性，提升其在市场中的影响力。

（4）校园代理。校园代理是在校园内代理销售商家机构所提供的商品服务等，他们从中收取一定提成。校园代理一般为在校学生兼职。一般情况下，代理人员可以赚取一定利润，商家也可以扩大销售面和增加销售额。在西安各大院校选择在校大学生进行校园代理，不仅可以增加销量，还可以提高"优趣文化创意坊"在西安各大院校的知名度，其初期的客户群体就是在校学生。

三、项目特色

该项目主要以校园风景、风采、青春记忆为主题，开发出一系列校园文化创意产品，紧密结合电子商务发展潮流，将渠道扩展至线上，并结合线下营销，打造属于高校的"优趣"品牌。其价值理念在于可以宣传校园文化，而更为珍贵的意义在于可以寄托毕业生对于母校的深切怀念。

（一）商业模式——"线上线下O2O"营销方式

该项目将产品发到网上或者在线下售卖，顾客可以通过宣传了解直接从线下进行购买，也可以在网上选购已经设计好的物品，或者将自己的喜好告知给设计人员，设计人员将为其私人定制，并由配送人员进行物流配送，完成线上线下O2O电商结合模式。

（二）特色服务——"私人定制"打造品牌

该项目设计人员为大家提供满足用户个性化服务的私人定制业务，根据顾客的喜好打造专属的定制产品，使整个交易过程充满惊喜与趣味，并致力打造高校文化创意产品的专属品牌，加深顾客心中的品牌印象。

第二节　创业故事："那些花儿"网络花店

"那些花儿"网络花店致力打造以鲜花销售为主营业务的垂直电商品牌项目，将消费群体定位为中低端鲜花市场，以"用心打造温暖"为理念，在售卖鲜花的基础上提供满足顾客个性化需求的私人定制业务。该项目在平台搭建方面以官网为中心，结合微信、淘宝等多方平台，在物流配送方面则依托顺丰快递和线下合作的实体花店，从而构建了"线上鲜花订单+线下花店包装配送"的模式。在营销推广方面，项目紧密结合互联网发展潮流，采用PC+移动互联网，线上与线下相结合以及由点到面的营销策略和C2B个性服务模式，创新地发展鲜花电商的O2O商业模式。

一、项目简介

（一）总体市场分析

1.花卉电商发展迅速

2021年，我国花卉零售市场规模达2205亿元，比2020年增长17.5%。花卉国际贸易也有新突破。海关总署数据显示，2021年我国花卉进出口贸易总额首次突破7亿美元大关，较2020年增长12.66%。其中出口额4.65亿美元，比2020年增长20.24%。这说明我国花卉产品质量和产品规格类型越来越得到国际市场认可。

2.花卉电商结构不平衡

目前，花卉电商的三大主要模式中，B2B初见成效，B2B模式中的企业发展相对较好，客户和销量平稳，在业内认知度较高，而且其交易额相对较大，在物流等问题上有更大的话语权。B2C则相对滞后，经营状况也参差不齐，知名大企业较少，且小企业和个体户难以形成影响力，不能满足市场要求。C2C缺乏专业平台，该模式下的商户规模较小，大多针对当下流行的品种，如商户本人是某一品种的兴趣爱好者或单纯为盈利而来。总的来看，电商平台上大企业和一些小户发展状况较好，而中等实力的企业不如预期。

3.花卉物流体系不健全

对花卉产业而言，其产品流通效率直接影响着整个产业的未来发展，但我国现行的花卉流通体系的中间流通环节较多，流通效率低下，不利于花卉产业的健康长效发展。另外，花卉流通体系不健全也是影响产业发展的又一重要因素。目前，我国花卉流通中存在运输能力低、运输成本高、配套服务不健全等问题，直接制约着花卉流通环节效率的提升。此外，花卉市场现有的软件建设力度不足，批发市场的经营规模较小，管理秩序混乱，导致相关部门无法充分发挥其市场监管作用，服务水平低下。

（二）校园市场分析

创业团队成员为大学生，他们对大学生有更加深入的了解，所以团队成员以一种轻模式的方式开发市场，由校园市场逐渐波及其他市场。通过网上问卷、淘宝指数搜索对某学院及其他消费者进行市场调查，某学院在鲜花礼品方面是空白市场并且存在需求，经过分析得出以下结论。

1.校园市场封闭

大学生与社会接触较少,获得的信息主要来自互联网,传播途径主要为口耳相传,从而形成一个较为封闭但活跃的消费市场圈。产品的接受度和知名度主要依赖学生消费群体的口碑,因而口碑效应也是校园产品营销的一个重要方法。

2.消费市场容量大

我国高等教育院校连续几年来一直在扩招,大学生群体规模不断扩大,成为一个庞大的消费群体。高等学校是校园文化和社会文化的结合体,既包括校园文化又拥有社会文化特质。大学生热爱潮流和时尚,显示出大学生消费群体向往个性化消费、追求时尚等特性,所以大学生消费群体是一个庞大的消费市场。高校学生群体的推广能力极强,使得校园文化在互联网上不断地传播,并有打破校园市场原先的封闭观念的发展趋势,将各个高校连为一体,成为中国消费市场上一个不可小觑的消费群体。

3.集中性宣传

校园市场消费群体庞大,校园内易形成口碑效应,并且高校大学生这个大的消费者群体自身的推广能力非常强,可通过各种校内活动进行宣传,也可通过海报、网络论坛、校园官网等多种途径进行宣传,比校园市场外的宣传接受力度更大、更直接、更节约成本。

4.校园市场延续性高

校园市场具有导向性,并且延续性高。一个企业不会在校园市场只收获短期的经济效益,这个经济效益是长远发展的,高校学生一旦认可一个品牌就会一直延续下去。

二、项目方案

(一)线上营销

1.网站建设推广

在网站建设推广方面,该项目建立了独立商城与淘宝店铺。

"那些花儿"独立商城采用 ShopNC B2B2C 电商系统,依托 php+mysql 建站技术打造独具特色的垂直类鲜花电商网购平台。平台开展 B2B+O2O 业务,搭建企业与用户之间的桥梁的同时,优化了很多购物环节,为线上推广奠定了平台基础。

例如，某淘宝店铺提供鲜花、多肉盆栽两大产品，同时开展 C2B 个性化私人定制服务。其基于淘宝网这一平台拓展流量渠道，坚持以用户为中心，为用户提供极致的购物体验，加强品牌宣传，更好地进行线上推广。

2. 微营销推广

"那些花儿"项目前期主打微营销中的软件营销与平台搭建，通过搭建微信公众平台，利用平台提供的海量炫酷模板、个性化功能菜单、多种营销推广活动以及一站式客户管理系统，多种方式、多角度进行营销。

3. 视频营销推广

随着移动互联网的蓬勃发展，视频也焕发出新的生机，利用视频进行推广宣传将会越来越受到重视。

"那些花儿"项目的视频营销可以分为硬性视频营销和软性视频营销。硬性视频营销就是不断地刺激买家的脑电波，这种视频营销的好处是信息准确、明了，但转化率一般。该项目更加倾向软性视频营销，在视频播放的过程中，不直接把某种商业信息表现出来，而是通过这种大众化媒体，把项目潜在的商业信息发挥到最大化，主要体现的是一种人文关怀，从而实现项目的价值。软性视频营销可以为项目带来巨大的关注度，是一种潜在性的广告营销。

该项目视频营销主要通过上传视频到抖音、快手以及其他短视频平台等进行视频营销。除此之外，还与校园视频制作团队合作，寻求共赢。

4. 即时通信工具营销推广

可以通过微博、贴吧、微信及 QQ 等即时通信工具进行更为广泛的推广活动。国内以 QQ 为代表的即时聊天软件的兴起，为网络营销提供了更多的选择，团队可以通过此类即时通信软件进行网络线上营销。可以在即时通信软件中寻找潜在的顾客，通过在线交谈和离线留言的方式对特色产品进行宣传。

（二）线下营销

1. 校园兼职推广

可以为学生提供代理模式的兼职工作，其中包括跑腿业务和代理业务。学生可以申请加入这个团队，成为一员，通过自己的优势和一些方法对校园花店进行营销宣传。学生也可以参与"跑腿"业务，帮助将商品送到顾客手中或者帮助完成顾客要求的私人定制，可以按时间或者次数获得一定的酬劳。

2.生态旅游推广

团队可以到花卉种植基地进行参观并积极与花卉种植基地联系，建立花卉旅游基地，或者与已有的花卉旅游基地建立合作关系，利用自己策划的基地活动为花卉基地引揽客流，并在活动中宣传自身的产品文化，扩大产品知名度，还可以招揽人才。例如，在花卉生长期打造符合该种花卉的主题活动；在玫瑰花的花期可以举办"相约玫瑰花海"等主题活动，将商品与玫瑰花种植园相结合，用线上和线下相结合的宣传方式进行大力宣传，增加客户流量，增加自身的潜在客户。

3.私人定制业务及其他活动推广

该环节主打 C2B 个性模式，与校园蛋糕店、咖啡店合作，对消费顾客进行联合优惠活动，与学校"学缘吧"联系，为后期活动提供场所基础装饰。搜集并制作创意方案策划模板，广泛开展印制温馨卡片等私人定制业务。

三、项目特色

（一）O2O 创新商业模式

鲜花电商 O2O 的模式将各地的加盟花店同网络平台相结合，以线上带动线下，用线下推动线上。线上为信息管理与销售的前台，线下为统一配送与管理运营的后台，使各地顾客通过最方便快捷的渠道，获取更满意的鲜花速递本地化服务体验。这种模式能解决鲜花电商仓储与物流的弊端，更易于鲜花电商的发展。

（二）C2B 创新服务模式

C2B 模式更加注重企业用户资源的转化，从而强化品牌概念以获得消费者认可，使产品拥有更高的附加值。时下流行的微博花店就是定制模式的应用。花店会根据顾客的用途、情感经历以及送花对象等创作出不同的作品。例如，"野兽派"花店正是采用个性化的服务体系，抓住客户的情感和体验诉求，以一种更富有人情味的形象存在。

（三）创新传播渠道

创新的传播渠道是通过创新的营销策略将资源系统化整合以实现锁定客户的效应。通过线上线下相结合的方式、新颖的话题与活动，利用社会化媒体平台，渗入用户的人际关系网络中，最终产生广泛的影响力。美国著名鲜花销售平台"1-800-FLOWERS"曾经推出"关注每一位母亲"的创新营销活动，其以独特的视角划分各类妈妈，并对不同类别的妈妈提供礼品建议，其营销活动激发了大量用户的参与热情和参与欲望，达到了扩散式的传播效果。因此，只有正确利用传播渠道为鲜花产品注入创新的内涵，鲜花电商的网络化发展才可以走得更远。

第三节　创业故事："刷刷快印"O2O移动平台

一、项目简介

（一）技术特点和优势

移动上网设备和用户基数巨大且增长迅速，可以实现及时的信息对接，因而可以通过行业规范来减少沟通成本。快印店的发展依托互联网的支持，适合O2O的推广。

目前，移动上网设备持有量随移动互联网的发展风靡增长且基数巨大，仅中国市场上的移动上网设备就已经突破5亿台，移动互联网用户已近9亿。各行业传统的服务模式已经不能满足现代人的个性化需求，现在人们更加倾向动动手指就能享受到方便快捷的服务。"花钱买服务，一部手机搞定一切"的理念已经深入人心，餐饮、住宿、出行等日常生活需求通过一款简单的手机App就能搞定，省时省心的服务为人们大大节省了时间与精力。

由于快印行业的特殊性，商户对于电脑等设备的广泛使用更是给O2O的推广提供了有利的条件。如今，人们对于移动上网设备的依赖是移动互联网项目成功的推动因素。

（二）所属产业及趋势

印刷行业有着万亿级的市场，虽然整体趋势下行、产能过剩，但是个性印刷、快速印刷的需求增长明显。客户的需求不能得到满足，线下的快印店由于接不到订单、经营成本增加而利润微薄。这个时候就可以充分利用平台整合资源的优势，给用户以充分的选择权利来选择质量最好、效率最高的服务，为商户提供广泛的订单来源，促使快印行业的服务向着人性化、收费向着标准化的方向发展。

（三）市场需求及趋势

目前，整个印刷市场竞争激烈，行业价格混乱，服务质量不一，完成时间无法控制，店面成本极高，所以快印行业想要提升服务质量就必须向着快速及时、服务规范化的方向发展。

二、项目方案

（一）服务模式

图 7-1 为"刷刷快印"服务模式图。用户通过订单描述，将打印内容、要求、数量等信息上传至"刷刷快印"服务器，由"刷刷快印"服务器将订单进行二次推送，将用户打印信息由近及远推送至各快印店，而后快印店进行抢单，最终由服务器将抢单成功的店家信息反馈给用户，由用户和快印店两方协商打印要求、取货方式等，完成打印操作。

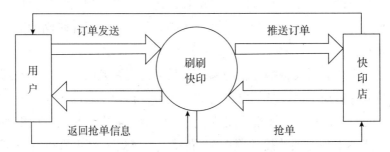

图 7-1　"刷刷快印"服务模式图

（二）盈利模式

1.打印业务分成

根据用户的交易金额，按一定比例抽取利润。拿最常见的 A4 纸黑白打印来说，目前激光打印机的打印成本在 4 分钱左右，而打印一张的价格参差不齐，校园中大约为 0.1 元，市面上是 0.5 ~ 1 元。"刷刷快印"会为校园打印店设定较低的分成比例，只把校园打印当作积累用户的渠道，而将市面上打印店的抽成比例设置为价格的 10% 左右。

当这种模式普及后，各个打印店所组成的网络可以对打印价格进行协商与控制，通过整体价格的提升获得更大的利润。随着价格的提升，每单抽取的利润比例也会有所上升。以一家店每天打印 200 张、均价 0.5 元计算，每月从一家店铺大概可以抽取 300 元，仅 100 家店就有 3 万元的收入，利润可观。

2. 耗材供应利润

当平台推广后，可以将中小打印店的耗材需求集中，再作为中间供货商与耗材厂家进行谈判，从而在与耗材厂家的议价谈判中掌握主动权。如果能够将采购成本压缩，那么此平台便可从耗材的转售中获取利润，从而实现盈利。

3. 加盟费

当印刷平台普及后，传统的街边快印店必将面临订单量减少的问题，不得不与印刷平台合作。为了充分让利于快印店，平台只通过收取少量加盟费来获取利润，这部分利润占平台收入的一小部分。

（三）市场营销方案

1. 向学生群体推广

在校学生是个性化印刷 App 在推广初期需要极力争取的用户群体。虽然每个用户的印刷量不大，但是将这些零散的印刷需求化零为整，同样可以创造出不小的盈利空间。在推广 App 的同时，更要注重对用户使用习惯的培养。例如，"淘点点"利用类似一分钱买饮料的方式来培养客户通过客户端点外卖的习惯。可以借鉴此案例，设置活动让用户接受在 App 上打印的消费方式。通过活动与各打印店建立联系，争取其加盟，以构建初步的打印店网络。

推广活动主要包括以下几种。

（1）下载赢礼品。在校园中设置活动点，鼓励路过的人扫描二维码下载 App，下载的人可以获得一份礼品。赠送礼品的方式可以让行人驻足，这时工作人员就可以借此宣传 App 的特点和作用，向潜在目标群体进行初步的推广。同时，考虑到下一步活动需要借助 App 完成，所以这也是为今后的推广做铺垫。

（2）体验免费打印服务。在校园打印店旁设置活动点，向前来打印的人推荐使用 App 进行自助打印。如果使用自助打印，可以免费打印一份文件。对需要进行打印的人来说，通过 App 进行自助打印既不用付钱，也不需要排队等待，无疑是非常有吸引力的。在前期没有下载 App 的人，可以利用工作人员提供的客户端先体验 App 的打印服务，在打印的同时完成 App 的下载。

（3）合作求共赢。考虑到免费的自助打印服务可能会对打印店造成一定的困扰，因而需要事先与打印店进行沟通，鼓励打印店加入 App 的供应商网络。一方面，加入网络可以让打印店获得更多的生意，更好地利用闲暇时间提高收入；另一方面，App 自带的功能可以让供应商更好地管理耗材库存，降低管理成本。当用户群体积累到一定程度时，打印店可以借助 App 来招揽客户，这样就不必在场地的租赁上花费过多的成本。

（4）大面积宣传。印发大量的传单、宣传册，在宿舍楼、办公楼等场所进行发放。定制印有产品二维码的鼠标垫等用品在人群密集场所免费赠送。

2.向白领推广

在写字楼里上班的白领，虽然其公司里会有打印机，但他们的名片往往还是需要去打印店进行特别定制。个性化印刷 App 可以帮助这些白领完成名片的自定义制作。如果能把这一部分的需求整合，同样是一笔可观的收入。

除此之外，还可以开展宣传打印品外送服务。白领没有时间去店内取打印的物品，那么打印品外送就是一个很好的增值服务，大大节约了用户的时间。

推广活动主要包括以下几种。

（1）免费送名片。在写字楼下设置活动点，为上班的白领免费定制一盒名片。只要下载 App 并在客户端编辑自己喜欢的名片版式，留下自己的地址和联系方式，工作人员便会将印刷好的名片送到其办公地点。通过免费外送名片的方式让白领们知道一种更为快捷、方便的打印方式，以此来发展目标用户群。

（2）在微博和社交网络上推广。在 Web2.0 时代，企业的营销方式正在从单向传播转向互动沟通，微博由于其沟通便利、实时性强、成本低廉以及用户年轻化等特性，逐渐成为企业与客户互动沟通的主流平台。例如，客户在微博上晒出其认为最美的一张照片，下载个性化印刷 App 客户端并转发。根据转发量评选出若干优胜者，工作人员将对优胜者送出一份精装照片作为礼品。通过转发和评论，在微博平台上发起关于 App 的热议，制造话题，吸引用户关注，从而实现潜在目标群体的快速增长。

（3）社群媒体宣传。社群媒体是企业在公众面前展示形象、与公众沟通交流的新阵地。个性化印刷 App 将在微博、微信等社交平台树立自己的良好形象，对自身提供的产品进行广泛的宣传。此外，设立一名专职社群媒体管理员，负责官方微博、微信的发布和更新，其主要工作有加粉丝、做评论、策划选题等。管理员专门负责收集与打印相关的资料，包括公司内部状况、社会动态等不涉及商业秘密的部分并在社群媒体中发布。

三、项目特色

（1）让传统的快印行业与客户的实际需求灵活紧密结合，满足各类人群对于个性化印刷的要求。例如，为经常需要打印的用户提供加急业务，为经常出差的用户提供异地送货业务，为公司、各类学生社团等提供宣传活动的海报设计、制作等业务。

（2）充分利用移动互联网的优势，通过即时的信息交换，实现最为方便快捷的快印服务。让用户通过手机或者电脑客户端就能完成以往繁琐的打印任务，并能够与商家实时交流，约定取货时间、取货方式等，提高了用户与商家的时间利用率。

（3）用户可以用 App 的定位功能迅速查看周围距离最近的快印店，并通过查看该商铺的信用等级、用户好评度、价格等信息来选择自己中意的商家，从而节省寻找快印店的时间和精力。

（4）让用户在消费的同时"有利可图"，通过 App 进行打印可以根据消费数额来获取积分，积分可以在下次消费时抵扣付款金额。同时，平台可以根据每月消费数额的多少对用户进行排名，向排名靠前的用户发放相应奖励。

（5）将目前快印行业的局面"化零为整"，利用"团购"优势降低快印店纸张等各类耗材的采购价格，并且可以让快印店通过平台完成订货等操作，最大限度地为店家提供方便快捷的服务。

参考文献

[1] 陈国嘉.互联网＋：传统行业跨界融合与转型升级新模式 [M].北京：人民邮电出版社，2015.

[2] 柯本，布朗，普里查德.互联网新思维：未来十年的企业变形计 [M].北京：中国人民大学出版社，2014.

[3] 别敦荣，王根顺.高等学校课程论 [M].兰州：兰州大学出版社，2016.

[4] 沈陆娟.美国社区学院创业教育研究 [M].北京：知识产权出版社，2014.

[5] 吴霁虹.众创时代 [M].北京：中信出版社，2015.

[6] 邓新民.自媒体：新媒体发展的最新阶段及其特点 [J].探索，2006(2)：134-138.

[7] 申金霞.自媒体的信息传播特点探析 [J].今传媒，2012(9)：94-96.

[8] 王洪生，陆永新，刘德胜.互联网时代中国企业云创新模式研究：以中国移动为例 [J].山东大学学报：哲学社会科学版，2017(1)：26-34.

[9] 贾元昕，杨明川，孙静博.大数据在"互联网＋"进程中的应用 [J].电信技术，2015(6)：14-15，20.

[10] 过文俊，邓宗俭.教育网游：网络游戏发展新思路 [J].西部论丛，2009(2)：62-64.

[11] 沈洁，黄宇星.智慧校园及其构建初探 [J].福建教育学院学报，2011(6)：122-125.

[12] 钱美玲，覃丽.高校主体性创业教育模式的内涵与建构探究 [J].石家庄经济学院学报，2013(2)：127-132.

[13] 房国忠，刘宏妍.美国大学生创业教育模式及其启示 [J].外国教育研究，

2006(12)：41-44.

[14] 刘林青，夏清华，周潞．创业型大学的创业生态系统初探：以麻省理工学院为例 [J]. 高等教育研究，2009(3)：19-26.

[15] 熊华军，岳芩．斯坦福大学创业教育的内涵及启示 [J]. 比较教育研究，2011(11)：67-71.

[16] 张帏，高健．斯坦福大学创业教育体系和特点的研究 [J]. 科学学与科学技术管理，2006(9)：143-147.

[17] 李天箭，丁晓红．创新创业教育在机械设计课程设计环节中的探索实践 [J]. 实验技术与管理，2016(4)：22-24.

[18] 周杰，李建荣，张娟．创新创业教育视角下高职院校师资队伍建设路径构建 [J]. 重庆电力高等专科学校学报，2021(1)：51-54.

[19] 林林．"专创融合"背景下高职院校师资队伍建设 [J]. 焦作师范高等专科学校学报，2020(3)：13-15.

[20] 郭欣．国外高校创新创业师资建设对我国的启示 [J]. 农家参谋，2020(18)：287.

[21] 刘勇，张子健．高职院校创新创业教育师资队伍建设策略研究 [J]. 长沙航空职业技术学院学报，2020(3)：1-4.

[22] 闵强．三螺旋视阈下地方本科院校创业教育师资建设研究 [J]. 河南工学院学报，2020(4)：57-60.

[23] 常辉，眭翔，庄丽．高职院校"互联网 +"大学生创新创业大赛项目培育机制研究 [J]. 现代职业教育，2021(47)：88-89.

[24] 罗新宇，段亚楠．点燃创新创业激情与梦想 [J]. 河南教育：高教版（中），2019(1)：4.

[25] 闫俊凤．"互联网 +"大赛视域下的高校创新创业教育探索：以地方理工科高校 H 大学为例 [J]. 安阳工学院学报，2021(6)：126-128.

[26] 王文晶，程淑佳．从"互联网 +"大学生创新创业大赛要求的变化反思东北院校双创教育改革 [J]. 职业技术教育，2021(27)：33-38.

[27] 郑前进，张文秀．一流大学"互联网 +""双创"大赛情况比较研究 [J]. 创新创业理论研究与实践，2021，4(16)：195-198.

[28] 顿小红，蔡磊．基于"互联网 +"大赛的大学生创新创业教育模式探索 [J]. 科技视界，2021(20)：128-129.

[29] 郭西平.基于"互联网+纺织"大学生创新创业大赛的地方纺织行业高校"三创"人才培养新模式探究[J].中国市场，2021(21)：163-164.

[30] 郑菲菲.高职院校创新创业教育的发展趋势与培育策略：基于2015—2019年全国"互联网+"大学生创新创业大赛作品的实证分析[J].江苏高职教育，2021(2)：67-73.

[31] 彭佳姝.新时代下学生创新创业管理模式构建路径[J].中学政治教学参考，2021(33)：89.

[32] 康瀚文.高校创业教育管理与大学生创新创业研究：评《众创时代高校创业教育新探索》[J].科技管理研究，2020(19)：253.

[33] 李伟斯，宋融.构建新媒体引导机制创新大学生创业教育管理[J].教育现代化，2020(47)：32-35.

[34] 田锐，丁玲."互联网+"背景下创新创业管理人才培养研究[J].山西农经，2020(8)：114-115.

[35] 陈吉鄂.高校大学生创新创业管理体系构建与对策[J].劳动保障世界，2020(12)：71-72.

[36] 纪峰，刘玉米.大学生创新创业管理系统设计与实现[J].信息系统工程，2019(12)：45-46.

[37] 杜刚.创新创业背景下大学生创业管理机制研究[J].江苏科技信息，2019(34)：13-15.

[38] 陈步青，刘凌超，张卢辉，等.大学生创新创业实践管理及运行机制探究[J].创新创业理论研究与实践，2019(23)：186-188.

[39] 王胤之，杨哲.提高对大学生创新创业管理的方法研究[J].科教导刊，2019(17)：160-161.

[40] 蔡露燕，翁润钡."互联网+"大学生创新创业管理教学[J].中外企业家，2017(5)：174.

[41] 李双远，周鸿立，任铂华，等."互联网+"大学生创新创业"乌拉草"精准扶贫农村产业化项目案例研究[J].吉林化工学院学报，2020(4)：68-72.

[42] 魏依，王钰，程铭.大学生创新创业案例分析：以盛京生活指南为例[J].辽宁经济，2020(3)：76-77.

[43] 郑颖，康资逸，骆鹏飞，等.大学生创业市场案例分析："肽+推手"多动能养生馆[J].技术与市场，2019(3)：188-189.

[44] 严立艳，杨静波．高职院校创业教育生态环境构建研究：以创业典型案例为
视角 [J].教育教学论坛，2018(37)：251-252.

[45] 王晓辉．一流大学个性化人才培养模式研究 [D].武汉：华中师范大学，
2014.

[46] 吕杰杰．美国社区学院创业教育支持体系研究 [D].重庆：西南大学，2017.

[47] 许起祥．基于 CIPP 理论的高校创新创业教育课程评价研究 [D].上海：华东
理工大学，2017.

[48] 王逸．"互联网＋"背景下安徽省高校体育专业大学生创新创业理论探索与
实践路径研究 [D].安庆：安庆师范大学，2021.

[49] 孙世强．民办高校大学生创新创业实践平台建设研究：以兰州财经大学陇桥
学院为例 [D].兰州：西北师范大学，2021.